ā

Table des chapitres.

A ij   De la

Para-

Paradis ou commencement de super. Chap.
XXVI.

De la grande multitude de Chrestiens, qui se treuuēt maintenant en tout le monde, & principalement soubx le Paradis. like Aseridien ou en l'orient de la proprieté du Roy des roys & vrays Iuifx. Chap. XXVII.

La raison pourquoy Dieu ha permis que si excellentes choses feussent si long temps cachées peur estre reuelées en nostre temps & non plus tost. Chap. XXVIII.

F I N.

LES MERVEILLES DV

monde, & principalement des admirables choses des Indes, & du nouueau monde.

La disposition de ce qui sera icy traicté, & la cause de ceste entreprise. Cha. I.

Yant au tiltre ia proposé, comment la fin & but de ce traicté, est de clairement monstrer cóment la Diuine Prouidence ha particuliere cure des humaines choses, il me semble estre superflu d'é amener quelques aultres, voyant que ceste particuliere suffist. Ie voulant monstrer la prouidence, pensé ne le pouoir faire en chose qui donne plus de contentement au lecteur, que en luy monstrát les choses peregrines & rares par lesquelles il ha pleu a Dieu rédre les pays & diuerses prouinces du monde admirables. Combien donc qu'il aye pleu au createur me donner grace d'hauoir veu quelque chose du móde, & d'hauoir pour le moins des plus nobles lieux qui ayent esté en Afrique & en Asie veu les ruy-

A iiij   nes

nes, oultre la preuue que i'ay faict de l'Europe
ou Iapetie (qui doibt estre ainsi dicte par estre
la partie concedée iadis à nostre pere Iapet)
neantmoins ayant par l'aultruy diligéce beaucoup plus veu & plus apprins, que par moy-
mesmes, i'ay deliberé soubz le tesmoignage
& escriptz de gentz doctes & dignes de foy,
de mettre en auant les choses de singuliere rarité & admiration, qui se sont trouuées dedés
le nouueau monde, c'est a sçauoir qui de nouueau ha esté par les Chrestiens tant vers l'Occident côme vers l'oriét descouuert & a nous
manifesté. Et auant d'en mettre rien en auant
ie proteste, que ie ne diray chose dont ie ne
soye aufsi deuement informé comme si ie l'à-
uoye veu.

Ie mettray en auant toute aultre chose, le pays
en brief, combien il s'estend, & qui sont les
habitateurs, mettât principalemét ce qu'ilz
ont de different auec nous.

En apres des diuerses sortes de religions, &
sur toutes aultres la tresadmirable des Gis-
pangiens.

Des diuers miracles de Iesus Christ faictz en
nostre temps.

Des admirables animaulx.

Des

Des arbres singuliers.

Des arbres, herbes, & racines, dont ilz sont
le pain.

Des citez grandissimes.

De la grande & admirable multitude qui s'est
depuys cinquâte ans en ça côuertie a Dieu.

Briefue description tant de l'uniuers comme des
terres neuues. Chap. II.

Dieu le createur faisant du centre vniuersel monter en hault vne partie de la terre, affin quelle se retirant de son lieu, donnast
espace a la Sfere de leau qui lenuironnoit par
son ordre naturel, & qu'elle s'esleuast en hault
pour estre faict des deux orbes ou Sferes vng
seul, partie d'eau & partie de terre apparente-
ment composé, voulut que du costé du north
quasi toute la terre se trouuast, & du mydi ou
Su quasi toute la mer. Dont Sauf vne poincte
de l'Afrique, & vne aultre de l'Amerique ou
terre neuue, auec vn bien peu qui est soubz le
Pol du Su, toute l'eau est du mydi & toute la
terre du Septentrion. Et si nous voulons es-
galir leau auec la terre, il fault recompenser la
pointe de l'Afrique qui passe l'equateur, auec
la mer oceane, qui passe deça de l'equateur entre la terre cogneue & le monde nouueau, &
sembla-

femblablemét recompenfer l'eminéce de l'A-
merique & de la terre auftrale auec la mer qui
fepare l'Afie orientale d'auec la terre neuue
occidentale. mais auant que de proceder plus
oultre, il fault pofer les cercles celeftes fans les
quelz ne fe pourroit bien entendre . Il y ha
quatre cercles grandz. L'un diuife le Ciel en
la partie vifible & en l'inuifible, & fe dict l'Ho
rizon. L'autre diuife la partie oriétale & l'occidentale & fo dict meridien, l'autre qui fe nôme l'equinoctial en la Sfere droicte le diuife a
gauche & a dextre, & aultre part c'eft vn cercle dict des eleuations qui auec le meridien diuife l'horifon en quatre parties efguales . Dauantage y en ha vng qui differe par 23. degrez
& demy, telz côme chafcun diceux en ha 360.
Dont chafcun en terre vault 30. petites lieues
ou 60. mille pas, lequel f'apelle l'oblique cercle, a caufe que le cours du Soleil & des aultres
fix planetes fe faict au deffoubz de luy, diffe-
rant du mouuement des eftoilles fixes. Il y ha
deux aultres cercles qui ne diuifét pas la Sphe-
re en deux parties efguales côme ceulx icy,
mais font l'un pour le terme & but du Soleil,
l'un des petitz iours, l'aultre des grâdz, l'un eft
dict le Tropique d'efté, l'aultre de l'hyuer, par
lefdictz

lefdictz cercles celestes la terre & la mer enfemble eft diuifée(combien qu'elle face vne
rotondité corporele)en longueur & largeur.
Allant de l'equateur vers l'un ou l'aultre pole
(qui eft le lieu au Ciel là ou les eftoilles femblent immobiles) c'eft la latitude ou largeur
du monde. Allant d'orient en occident ou au
contraire c'eft la longitude ou longueur. Ce
different eft de toutz les deux compofé, de latitude & longitude enfemble. Il y ha d'aultres
cercles qui font imaginéz eftre collateraulx &
font equidiftantz, c'eft a dire egualement di-
ftantz l'un de l'autre de toutes pars, & fe mettent, en telle diftance (a caufe que foubz l'e-
quateur toufiours les iours font de douze heures comme les nuictz) que là ou le iour croift
d'une heure, & eft de treze heures, il y en ha
vn qui fe nomme le limite du premier climat,
& en ha deux ou troys au parauant qui fe nôment paralleles,& font termes de là ou le iour
croift d'un quart ou d'un tiers plus qua'utre
part: & ainfi fe mettent douze climatz iufques
a ce que le iour vient a eftre de vingtquatre
heures. Et de là en auât il croift tant,& fi toft,
qu'en peu d'efpace il faict de moys en moys
les iours plus grandz,tellement quæ foubz les
poles

poles ilz ont six moys ou demy an de iour &
autant de nuict.

Description d'Asie, Afrique & Iapetie appellée
dedens les fables Europe.   *Chap. III.*

TOutes ces troys parties sauf la meridionale d'Afrique sont au deça de l'equateur, enuers le Pole Septentrional, sauf quelques Isles & la meridionale partie de l'Afrique, qui sont au delà vers le Pole meridional.
L'Asie est oriétale & fut iadis assignée a Sem
dict Melchisedec filz de Noëh. La Iapetie ou
Attalie dicte Europe, fut concedée a Iapeth
temporel Seigneur de tout le monde, comme
son frere Melchisedek estoit le spirituel, & est
en l'Occident quant au regard de l'Asie, mais
au regard de l'Afrique, qui est en mydi, elle est
en Septentrion. a toutes troys est cómun d'e-
stre enuironnées de mer, sauf que là ou le fleuue Tunais appellé Don, auec soy, & auec vne
ligne conduicte de ses fonteines a la mer Septentrionale, separe l'Asie de la Iapetie, & là
ou vne ligne códuicte du fons de la mer Rouge a la mer Mediterranée diuise l'Asie de l'A-
frique. La mer mediterranée separe l'Asie &
l'Afrique de la Iapetie ou Europe. Ce que i'appelle l'Europe du nom de Iapetie c'est pour
                                        ce que

ce que Iapet en fut Seigneur, & y planta le
nom Gallique premier en tout le monde. Si
on la vouloit nommer non pas d'une fable,
mais de qlque verité, ie me contêteroys, qu'en
la Gallique ou Hebraique langue, qui par
Noël fut en la Gaule apportée auant la confufion des langues, on la nommaft Eur, Opi,
ou Aur opi, ou Or opi qui veult dire en Gallique lumiere de l'humaine face, a caufe que
la lumiere de tout le fçauoir de l'Entendemêt
eft icelle conftituée pour y eftre reftituée, &
lieroys au Ciel ce qui ainfi feroit par lh'umai-
ne raifon lié en terre. Car il fault pour la gloire de Dieu que tous vocables reprefentent &
fignifient tant la verité comme les origines, &
ce en la langue premiere & principale qui fut
auant la confufion.

De la lôgueur & largeur des troys parties du mô-
de qui font necessaires a cognoiftre pour depuys me-
furer le nouueau monde. Chap. IIII.

L'Europe depuys Gades qui eft a la fin de
l'Efpagne iufques aulx fonteines de Ta-
nais ha de longitude quafi feptante & cinq
degrez qui feroient quatre mille cinq cens
mil. ou deux mille deux cens cinquante lieuet
Galliques petites: mais eftantz les degrez plus

courtz

courtz en Europe que foubz l'Equinoctial
les feptante & cinq font reduictz a cinquâte,
qui font mille cinq cens lieues, ou troys mille
mile. la plus grande Latitude eft depuis la Mo
rée ou Pelaponnefe a la Mofchouie de trente degrez. De l'Italie en Dânemarc quinze, la
Gaule & l'Efperie ou Heberie dix, qui font
chafcun de trente lieues, ou de foixâte mille
pour vn, & font en ceftes icy fix cens mille, ou troys cens lieues, au moyé cours par fus
l'Allemaigne font neuf cens mille ou quatre
cens cinquante lieues.

L'Afrike ha de longueur prenante de la poincte Atalantike iufques a la troglodytike octâ-
te degrez grandz qui font quatre mille huyt
cens mille & la moyctie moins de lieues. Sa
latitude eft de foixante & fix degrez qui font
troys mille neuf cens foixante mille, & deux
mille neuf cens octante lieues.& part de l'Aegypte au cap de bonne Efperance. L'Afie ha
cent trente cinq grandz degrez qui ramode-
rez aut quatriefme Climat font cent ving, &
font fept mille deux cens mill. ou troys mille
fix cens lieues de longueur. La latitude de la
Scythie ou Tartarie iufques a la poincte de
Calicut ou a celle de Malacha ha foixante degrez,

grez,ou mille huict cens lieues.

Du monde nouueau & du renouuellé. Chap. V.

TOute la meridionale partie tant de l'Afie
comme de l'Afrike fut iadis par quelque
bruit pluftoft que par verité cogneue. Et par
ainfi ie l'appelle le monde nouueau renouuellé,comme les anciens en ce iadis conuindrent
qu'ilz appellerent l'une & l'autre partie l'Indie,à caufe de la couleur Indiéne,qui eft Oli-
uaftre & cendrée cómune a toutz ou a la plus
part des habitans.Le móde nouueau eft l'Occidental de cinquante ou foixante ans en ça re-
trouué, du quel il fe treuue bien quelque con-
iecture en Pline & en Platon , touteftoys elle
n'ha pas proue fuffifante. Et fi la fentence de
Platon en fon Timee & en Critias eft receue,
le monde nouueau fe trouuera eftre appellé
par le nom excellent de noftre pere Iapetus,
qui fut dict Atal,& Atalus,& Italus,& Athlas
a caufe, que le comble amas & monceau de
tout droict & fcauoir,& principalement d'A-
ftrologie & Orientale doctrine eftoit en luy.
Car le tout fe nommoit Athlantis, là ou font
les Ifles fortunées & heureufes. La longueur
de ladicte terre qui f'eftéd de l'un Pole,a l'aultre,ha en foy autant deftenduc cóme l'Afrike
& l'Eu-

& l'Europe & la mer d'étre deulx & beaucoup plus . Car en tout le môde il n'y ha nul lieu là ou la terre foit côtinue de l'un Pole iufques a l'aultre, fauf que là, tellement que fauf troys petites rottures ou entrées de mer elle eft conti_nue. L'une defdiêtes ruptures eft le deftroiêt de Magaglianes , l'aultre eft allant a Temiftitan, & fe diêt en Efpaignol Strecho dudofo , qui diêt le deftroiêt doubteux , a caufe des petites Ifles & dangereux pas . La tierce eft le Septé-trional diêt des troys freres, fi toutesfois il paffe oultre. La mefure ne fe peult quant a la lati-tude mieulx fçauoir qu'en comptant 180. de-grez de latitude foubz le meridien , qui font 10800. mil. ou 5400. lieues Gallikes . La lar-geur dudiêt pays n'eft pas encores bien con-gneue, fauf que l'Amerike depuys le Peru iuf_ques au Golfe ou baye de toutz Sainêtz con-tient 65. degrez qui font en lieues 1950. & en contient autât du deftroit de Magaglianes iuf-ques a Vrabe ou a la bouche de Maragnô tref-grand fleuue. Cela eft quafi general que toutz alloyent pour la plus part nudz , auant qu'ilz euffent veu les couftumes des Chreftiens . bi-en y en hauoit quelques vns veftus fur les parties honteufes tant de cotons comme de
plumes

plumes d'oyseaulx, des quelles ilz sçauent faire de tresbeaulx ouurages & surmontans tout
velour. Les Indiens orientaulx, ou de l'Asie
sont en toute industrie souuerains, combien
que beaucoup d'eulx sont tresbien & de riches
soyes vestus. Il y ha oultre ces quartre parties du monde des isles de merueilleuse grandeur, comme les Iaues, la Samatra, & autres.
Mais sur toutes est admirable celle de Giapan
dicte au parauant Gipangi, ou Gipangri, de laquelle principalement i'escripray, a cause que
elle est iusques au iourd'huy incongneue, con-
tient les choses les plus admirables du monde,
comme le souuerain poinct de l'Orient.

Description de l'isle de Giapangri, qui est la plus
orientale terre du monde. Chap. VI.

Vingt & cinq degrez maieurs, ou 750. lieues Galliques loing de la Coste de Totarie, vis a vis du Kitay ou Catay cité grande,
là ou est le siege du grand Chan, se treuue yne
Isle de singuliere grandeur accompaignée de
7000. aultres nommée a present Giapan, &
par le passé il y ha troys centz ans, Zipangri,
ou Gipangui, c'est a dire le manoir de Giapan,
de laquelle faict mention Marc Paule gentil-
homme Venitien en ses commentaires de la

B   Tar-

Tartarie, que ie nomme Totarie, a cause que telle gent est sortie du reste des dix Tribus ou Iuifz clos, comme en apres diray, lequel reste en langue Orientale est appellé Totar. Car les Turcz ou maudictz & abandonnez peuples, premierement en sortirent, & de leur reste enclos dela les môtz d'Arsareth ou Scheitikes sortirét lesdictz Totares. Ladicte Isle est en tel Ciel ou eleuation comme l'Italie, & d'icelle par huict mille lieues distante, ayant de longueur six centz lieues, & de large troys centz. Dont il se voit qu'elle est plus grande que l'Hespagne, la Gaule & Allemaigne auec l'Italie ensemble, de la quelle pour faire foy trescertaine a tout le monde, ie reciteray mot a mot ce que M. Françoys Schiabier Iesuite homme tressainct en ha escript, de la bouche mesme des habitans, pour estre telle histoire tât au Pape, au Roy de Portugal, & autres princes Chrestiens comme a la compaignie de Iesus recitée. Et affin que la chose la plus merueilleuse du monde se puisse reciter auec foy, ie mettray les propres & formeles parolles de l'une & l'autre epistre en lettre propre & diféréte, ioignant l'interpretation mise en lettre Italique, affin que la sentéce & sa cósyderation

se

se puisse veoir. Mais auant que ie commence a descripre ladicte epistre, ie veulx admonnester le lecteur de prédre garde aux choses Orientales, qui sont de telle excelléce, que Dieu donna iadis aulx troys Rois Mages de la Region de Tarse, confinante au Catay. que par la Nature & par voye d'Astrologie plustost cogneurent la Natiuité du Roy des Iuifz Iesus mon pere, que ne seirent les Iuifz aydéz d'innumerables profecies. Parce estant la proprieté de Iesus en Iudée, le Paradis Terrestre est audict pays d'O rient, qui est a la Iudée & Syrie Oriental. Tou tes les choses que nous hauons en Occident, pour singulier artifice, sót pour la seule vmbre des orientales excellences. Et par ce la mesme pratique de vraye Police & ordre de religion quant a l'exterieur se voit entre les Giapangiés, cóme il sut ordonné, & de faict iadis se veit au commencemét de la Chrestiente, tellemét que moyennant qu'ilz facent au nom du Roy des Iuifz & Saulueur du monde, ce qu'ilz sont de present, ilz seront les plus parfaictz hommes du móde. Ainsi ha pleu a Dieu les disposer de longue main.

Copie de la lettre de M. Franceys Schiabier des choses notables de l'Isle de Giapan, & premierement de celle qui testifie d'Auger Giapanien. Chap. VII.

LEs letres dont ie prendz cecy, sont escriptes de Cochin en Malauar, pays de l'Inde, par le susdict a la compagnie de Iesus du mil cinq cens quarante neuf. Ainsi y est contenu.

MOy estant a Malacha, *qui est vne grande cité au droict de la Samotra ou Taprobane partie obeissante au Roy de Portugal, partie a vn Roy more, qui lá est.* arriuerent lá certains marchans Portugaloys gens de bien & d'honneur, lesquelz me commencerent a reciter des Isles de Giapan dont ilz venoient, disant qu'il sembloit estre lieu plus a propos pour y annoncer l'Euangile que quelconque aultre de toute l'Indie a cause que les habitantz sont gentz fort adonnez a la Doctrine, lettres, & Sapience. Vn certain natif de l'Isle de Giapan estoit venu auec lesdictz marchantz, lequel se nomme Auger, & me cherchoit

cherchoit pour eſtre par moy informé
en noſtre religion . Car ayant volunté
de ſe confeſſer de quelques faultes cõ-
miſes par luy en ſa iuneſſe & ſ'eſtant a-
dreſſé pour miniſtre aulx ſuſdictz mar
chantz, ilz luy dõnerent conſeil de me
venir trouuer en Malacha. Et eſtãt venu par ce qu'il ne me trouua la premiere foys, ſ'embarca pour ſ'en retourner,
mais eſtant quaſi arriué chez ſoy , fut
tellement par la tourmente agité qu'il
retourna a Malacha là ou i'eſtoys de
retour. Il ſcauoit la langue portugaloy-
ſe , tellement que nous nous pouyons
entendre en telle ſorte qu'il fut fort cõ-
ſolé & a la verité ſi toutz les habitantz
de Giapan ſont auſsi grandz inquiſi-
teurs de la verité, ilz ſurmontent toutz
les peuples des Indes. Venant a la doctrine Chreſtienne il eſcripuoit tout ce
qui appartient a la foy, frequẽtant fort
                    B iij   l'oraiſo.1

l'oraifon & l'Eglife.Luy demandant, fi
allant a Giapã ie feroys quelque fruict
fpirituel, il me refpondoit qu'il fault a-
uant qu'ilz dónent credit avn,qu'il foit
de bonne vie long temps prouué & de
grand fcauoir,pour leur donner raifon
de ce qu'ilz demandent: ce que f'ilz co-
gnoiffent, ilz ne fauldront en brief a fe
conuertir,& premierement les princes
& feigneurs : Car ilz veulent toufiours
interroguer & demander,& ne veulent
croire qu'a la Raifon.Donc eftant prié
par moy vn des dictz marchantz, qui
long temps hauoit demeuré en la dicte
Ifle de Giapan, qu'il me vouluft mettre par efcript ce qu'il hauoit cogneu
de la dicte Ifle,il me donna ce prefent
efcript que ie vous enuoye.

De la plus merueilleufe religion
du monde qui fe garde fans en fca-
uoir

uoir lautheur, qui est Iesus Christ de nom incogneu.

Sensuit la Copie tournée D'espaignol en Latin, & dreceé en la presente forme par M. Paul côpaignon de M. Francoys, lequel Paul gouuerneur du College de Saincte Foy aulx Indes. Cha. VIII.

Tirant au Soleil leuât vers le Septé-trion, ce qui s'ented au regard de l'In-de meridionale, là ou est escript cecy. Car aul-trement toute difference du mouuement cele-leste par diuers regardz se peult dire & ori-ent & occident, au dessoubz de la region de Chines ou Kines, plus de cent octan-te degrez de longitude loing de nous qui sommes en occident. Les Portugaloys chercheantz diuers pays pour trouuer marchandises, sont arriuez en vne Isle qu'ilz nôment Giapan, qui ha la haul-teur du Pole, comme l'Italie, ayant sa longueur de l'orient a l'occidént de six

B iiij   centz

centz lieues, & de largeur trois centz.
De lá au moys d'Apuril prochain vng
des habitantz de la dicte Ifle(du quel
.i'ay deffus faict mention, c'eft Auger)
d'un fingulier entendement fcauoir &
prudéce, qui auec grand labeur f'efforce d'entendre les chofes qui appartien-
nent a noftre foy. Et incontinent apres
f'eftre baptifé en ce lieu de noftre college de faincte Foy, ayát apris a lire &
efcrire, il ha tourné en fa langue toutz
les principaulx poinctz de noftre foy,
aultrement du tout adonné a l'oraifon,
contemplation & memoire de Iefus
Chrift : en fomme il eft de telle perfection de vie, que par letres ne fe peult
comprendre. Luy eftant au catechifme
(apprenát la doctrine Chreftiéne pour
l'entédre & croire auant eftre baptifé).
ie luy ay demáde des conftumes, loix,
& meurs de fon pays, de ce que a caufe
qu'il

qu'il n'eſt pas lettré, m'a reſpondu plus par la cómune opinion , que par leurs liures, ou doctrine, touteſſoys, ce qu'il en ha recité, eſt treſdigne d'eſtre eſcrit. Quand noſtre pere M. Frácoys Schiabier y ſera allé, alors ſelon leurs letres, nous en ſçaura a dire.

Premieremēt il dict l'Iſle hauoir troys cēt lieues de large, & ſix centz de lóg cóme deſſus , & obeir toute a vn ſeul Seigneur, auquel toutz les princes comme ducz, contes, & barons obeiſſent , deſquelz quāt quelqu'un meurt, touſiours lh'eritage principal appartient a laiſné, auquel les mineurs obeiſſent toutz, *C'eſt le premier droict vſité en ce monde naturelement par eulx gardé* aulx mineurs ſont donnez chaſteaulx & terres pour leurs appanages, ſoubz telle condition touteſſoys que touſiours recognoiſſēt leur aiſné, & ne laiſſent iamais ſon homage.

De

De ceulx icy quelques vns feront dix
mille, les aultres quinze mille, les aultres
vingt ou trente mille hommes de guerre a son commandemét . Le prince sur
toutz souuerain se nomme VOVS,
qui est de la plusnoble famille du pays,
& ne peult estre marié a femme d'aultre
sang, lequel est de telle authorité cóme
pourroit estre le souuerain Pontise, car
il ha toute iurisdictió tant sur les clercz
comme sur les layz. *Car il y ha là innu-*
merable multitude de religieux, toutesfoys iamais ne faict guerre ou crimine-
le iustice, mais de tout se remet a vn téporel Seigneur son delegué qu'ilz nó-
ment GOSCHIO *proferant i & o*
en vne parole en la derniere syllabe ce que
les Portugaloys expriment auec le x disant
GOXO qui est comme nous pourions
dire le Roy ou l'Empereur. *c'est chose*
merueilleuse que Dieu par nature leur en-
seigne

seigne ce que nous sçauons par grace & par
nature ensemble, & ne le voulons pas faire
principalemēt laissant aux seculiers les guer
res & supplices corporelz. Ledict seigneur
temporel ha generalement l'obedience
de toute l'isle & du domaine temporel.
Et quand il va visiter le V O V S ou
souuerain, il luy faict la reuerence le ge
noul a terre, baissant la teste iusques au
genoul dudict souuerain. Car combien
qu'il aye innumerable multitude de
ducz, contes, & de courtisantz & soul-
dartz, neātmoins si il commet quelque
faulte, le V O V S le peult deposer, &
si le cas le merite, le faire punir de mort,
delá ou viét qu'ilz gardent vne souueraine iustice, & que les petitz aux grādz
obeyssent grandement, par ce qu'ilz pē
sent les pechez toutz estre esgaulx. Car
ilz font punir de mesme mort celluy q
ha desrobé dix solz, comme celluy qui
ha

ha defrobé mil efcuz. *Qui euſt bien enten*
du le dire de noſtre Roy de Iudée quand il
dit, qui eſt infidele en vn petit ſera infidele
en vn grand, & qui en vn aura failly, eſt
faiſt de toutz coulpable, on euſt eſſ`ayé a ob-
uier a tout petit principe de mal. Ce ſouuerain Pontife vit ainſi. Il eſt marié a vne
ſeule femme, auec laquelle croiſſant la
lune, n'ha iamais àfaire, mais durant ledict temps ne faiſt aultre que attendre
a ieuſnes, a prieres & oraiſós, & a toutes
ſortes de penitence, eſtát alors veſtu de
blancz habillementz, & ayant ſa gráde
coronne ſur la teſte. *Cecy eſt couſtume des*
anciens philoſophes, de laquelle font métion
les ſecretz auditeurs de Moyſe. Car ilz di-
ſoient que la lune eſt la figure de ce bas mó-
de, & que par 14. iours ou par les deux pre-
miers quartiers elle ſe retire du ſoleil en ſ'eſ-
loignant de ſes rayons, & qu'ainſi faiſt ce
móde de Dieu, & les deux aultres quartiers
elle ſe

elle fe retourne a Dieu, ce que nous auons ia
cognen en la loy de Nature & en l'efcripte,
là ou on ha recullé par cognoiftre le peché fãs
en fçauoir le remede, a cognoiftre Dieu, &
depuis l'aduenement du roy des Iuifz, nous
auons faiƈt vn quartier de bõ temps retour-
nãt a Dieu par 1552. ans iufques a maintenant que c'eft le dernier quartier de concorde
du monde là ou toutes delices fpirituelles &
les licites temporelles en abõdance feront, ce
que ne les 72. auditeurs de Moyfe, ne le
VOVS n'ont entendu. Mais incõtinent
que la lune commence a defcroiftre, il
fe donne du paffetéps tant auec fa femme cõme a la chaffe, & a quelque plaifir il veult. Et fi fa femme meurt auant
fon aage de 30. ans, il fe peult marier a
vne aultre, que fi elle fe meurt en apres,
il fault que le furpl⁹ de fa vie garde cha-
fteté. Car iamais n'ha de couftume aul-
tremẽt d'hauoir pl⁹ d'vne femme. Oultre

tre les princes téporelz il y ha de la noblesse de toutz estatz & conditions de
gents vertueux ou artisantz. *Car la ver-*
tu de tout lieu & faict par excellence doibt
engendrer noblesse pour la guerdonner &
pour y amener les aultres . En sóme leurs
differences de personnes sont ordónées
comme deca. Cela est aussi tout cómun
qu'ilz n'ont qu'une femme , & si ilz cognoissent vn adultere auec leurdicte sé
me , il leur est permis de les tuer toutz
deux.& si ilz en tuét vn seul,ilz sont có
demnez a mort . Si la femme ha mauluais bruyt , qui ne se puisse par preuue
auerer, ilz la r'enuoyét chez ses parétz.
aultremét si quelqu'un ne se soulcie de
la faulte de sa féme , il est tenu pour in-
fame *ainsi comme par deça.* Quád la femme est renuoyée chez les parentz, ilz se
peuuent remarier. Celle qui est ainsi ré-
uoyée ne treuue qui iamais la veuille
                                        pour

pour femme . Ceulx qui font les plus
puiſſantz ſôt nourrir & enſeigner leurs
enfantz depuis ſept ou huiſt ans dedãs
les monaſteres ou ilz aprennent a lire, a
eſcrire & les choſes de la religion. Côme
iadis fut en la Gaule entre les Druides , &
au commêcement de la Chreſtiente, ce que par
ce qui ne ſe faiſt plus, nous ne voyôs plus de
Chreſtiens que de nom & de parolle & ceremonies ſeulement, & ne voyrons iuſques a
ce que lon cômence de nouueau a faire le ſem
blable. Car ſi premierement l'hôme n'eſt faiſt
bõ & religieux que mis entre les nobles, prin
ces, marchãtz, ou artiſantz ou faiſt de quelque meſtier, degré, ou dignité que ce ſoit, iamais n'y vauldra rien. Depuis ſôt mariez
& mis chaſcun a ſa vacation. Et pour ce
faire y ha des religieux de troys ſortes,
comme ſont noz moynes de deca . Les
vns habitent aux villes, les aultres aux
champs. Ceulx des villes viuent d'aulmoſnes

moſnes,& gardent chaſteté eſtantz ve-
ſtus de lõgues robes a lõgues manches
quaſi comme les ſeculiers. Quád il faiɾt
l'hyuer,ilz portent capució.car ilz ſont
toutz tondus & eſbarbez. aultremét en
eſté ilz vont nudz teſte. Viuent tout en
commun. *Meruilleux eſt ce Dieu & hõme*
roy des Iuiſʒ qui par diuerſes voyes mõſtre
l'vſaige de raiſon.Ceſte cõmunite des choſes
neceſſaires entre religieux ha eſté introdui-
ɾte a toutes les bonnes reformations du mõ-
de, & n'eſt poſſible que ceſte maudiɾte aua-
rice lá veuille garder ou obſeruer.Les anciẽs
iuſques aux layʒ la voulurent garder, cõme
en Lacedemõ, & en la Republike de Platõ.
Ilz ont beaucoup de ieuſnes,& ne mã-
gent iamais chair, ne aultres animaulx,
de paour que la chair ne leur rebelle.
Que diront ces nouueaux entẽdeurs des cho-
ſes Chreſtiennes qui ſe lamentent, que vſant
de poiſſon on ieuſue ou faiɾt abſtinence de
chair

chair 140.iours en l'an, quand ilz veoyent
par vne naturelle inspiration la moytié du
temps par le V O-V S mesine ce ieusne? Ie ne
veulx pas tirer cecy,ne en exemple, ne en cõ-
sequence,mais ie diray bien, que le vray cõ-
sone au vray. Car les Grecz en ont danan-
tage,comme aussi tout l'Orient, qui n'en sont
pas meilleurs,mais l'abstinence & ieusne est
chose de tout temps approuuée, iusques aux
Pythagoriques;qui ne mangeantz nul animal, ne mangeoient qu'vne foys le iour.
Et sont de grande sobrieté. Toutz se
leuent a minuict comme faisoit Dauid &
les profetes: & ayāt prié vne demye heu
re se retornent dormir. Au poinct du
iour,ilz y retornent,& depuis Soleil le-
ué,& a midy, & a vespres, font le mes-
me.Et sont incitez a l'oraison auec vne
clochette sonnāt cóme a l'Aué Maria,
ce que oyāt le peuple tout ce met a genoulx en tenant les yeux au Ciel auec

C   les

les mains ioinctes. Ledict Auger disoit
n'entedre poinct lesdictes oraisons par
estre d'anciéne & au peuple incogneue
langue . *Dont ie ne doubte que ceste institu-*
tiõ ne soit partie des Indiës Aethiopiës qui
iadis en l'Asie hanoient vn Pape appellé
prebstre Iehan qui sut desfaict par les To-
tares peu aprés leur sortie. Et ainsi y ha de la
coustume des anciens Idolatres & des Sa-
biens et des Indiës ou Abrahmanes & des
Chrestiës, & de celuy qu'ilz nõment Schia-
ea quilz disent autheur de leurs religions.
Lesdictz religieux preschent cóme par
deça & esmeuuët a pleurs tout le monde. Le cómun argumët de leur sermon
est qu'il est vn seul Dieu createur de
toutes choses, & qu'il y ha vn paradis
ou lieu là ou vont les bienheureulx, &
au contraire vn lieu deputé pour les
meschantz, dont le diable est le capitaine & chef; & vn pour ceulx qui sont
moyens,

moyens, qui font ceulx, qu'il fault pur
ger. Et que le diable est enuoyé de
Dieu pour punir les pechez, par ce qu'il
est maistre d'enfer. Disoit d'auantage
estre toutz de vie studieuse & bonne, si
n'estoit qu'ilz se treuuent abusez des
petitz iunes enfantz, aux quelz ilz mõ
strent, cõbien qu'ilz ne preschent plus
aigrement contre peché du mõde, que
contre cestuy cy. Leurs vestemẽtz sont
noirs & longs. Toutz sont ou doibuẽt
estre letrez & doctes obeissãtz du tout
a vn superieur en ce qu'il commande.
Et ne recoiuent nul s'il n'est docte &
reputé homme de bien. *Cecy me conser-*
me en la sentence que ie tiens que ce soit do-
ctrine des Abrahmanes enfantz des con-
cubines d'Abraham, lesquelz il enuoya en
orient soubz l'heureuse influẽce, & m'y rẽdz
cõfermé par vnes letres qu'escriuit par le paf
sé ledict M. Francoys Schabier a M. Ignace

C ij   de

de Loyola chef de ladicte compagnie de Iesus, qui dedens Paris en feist le fondement il
y ha 15. ou 16. ãs, là ou ledict Schiabier dist,
qu'il y eut vn desdictz Abrahmanes, lesqlz
Marc Paulo appelle Abrahmin, & eulx se
disent Brahmin mengeant la lettre a, voyant
que si librement il luy monstroit les commen
cementz de nostre religion, entre beaucoup de
propos luy dist, nous auons bien la mesme
Doctrine q̃ vo⁹ enseignes, entre no⁹ prebstres
mais iamais ne l'enseignerions au peuple, &
n'y ha que les Brahmains, qui entre eulx &
pour eulx la doibuent sçauoir. ainsi dist ledict Brahmin, ce que ie croy. Car combien
qu' Abraham veist que les enfantz des con-
cubines ne vouloient pas obeir a Isaac &
renonçoient en ce a la Catholique Eglise,
neãtmoins il ne les ennoya pas en l'oriët sans
leur bailler Doctrine Diuine auec leur Ma-
gike ou Astrologie, dõt iusques au iourd'huy
ilz retiennent l'odeur auec tresgrande & a

tout

tout le monde superieure congnoissance d'A-
strologie,ce qui aussi est en Giapan. Il y ha
vne aultre sorte de Religieux qui sont
les prebstres vestus de robe longue , de
couleur grise, ceictz d'une chorde qui
ne sont aussi poinct mariez, mais ilz
ont chaschun en leur charge vn mona-
stere de vierges auec lesquelles il est
bruit quilz font beaucoup de choses
d'eshonnestes,& donnent ordre qu'elles deperdent ou ne concoiuent point.
Ce qui en donne la suspition,c'est qu'il
y ha aupres d'un conuent de nonnains
vn conuent desdictz religieux.Ilz sont
idiotz faisantz les oraisos & ieusnes có
me les aultres, & n'y ha que 30. ans
qu'ilz ont commécé.Il s'en treuue vne
aultre sorte de mieux vestus, mais qui
toutesfois font gráde penitéce, & troys
foys le iour font oraison . Ilz ont de
beaulx edifices, lá ou il y ha des statues

C iij &

& images dorées de diuerses sortes d'i-
doles tant en statues comme contre les
parois. Toutesfois cela est a toutz cómun, qu'ilz cognoissent & adorent vn
seul Dieu, lequel ilz nomment en leur
langue Deniche, & le peignent ayant
trois testes sur vn seul corps. Alors ilz le
nomment Cogi, & disent que Deniche
& Cogi est toute vne vertu & vn seul
Dieu. Des troys testes ilz n'en scauent
dóner nulle raison. *Cecy c'est ainsi qu'on*
pense, l'image de la Trinité & vnité. toutes-
fois il semble a propos de reciter ce qu'escript
Marc Polo desdictz Zipangniës & de leurs
Idoles, que ia de son temps y auoit desdictes
Images les vnes a vne teste, les aultres a
deux, a troys, a quatre, & a plusieurs, & ain
si des braz & mains, tellement qu'ilz pen-
soient que qui en auoit le plus, frust de plus
de vertu iusques a leur faire cent braz, com-
me iadis à Briare le fabuleux, ce qui est ve-
nu par

nu par l'ignorance & faulte des prelatz, qui
ont ainſi laiſſé du bon principe des Chreſtiens retourner en fables & idolatrie ledict
peuple. Car iadis les trois Roys Tarſenſiens
voiſins dudict pais les conuertirent & furēt
conſermez par S. Thomas: dont peu a peu ilz
ont conuerty la verité de Ieſus en la fable de
Schiaca laquelle ſenſuit. Ilz ont (diſoit
Auger)l'hiſtoire d'un qui eſt tenu ſaïct
entre eux en ceſte ſorte. Il y auoit vn
Roy au pays qui eſt par dela la Chine,
c'eſt adire en Aſie, & quant a eulx en l'occident. Car la Chine Region, c'eſt la fin de la
terre continente vers l'orient, dont les troys
roys vindrent en la Iudée, Comme i'ay amplement demonſtré en l'expoſition de mon
Protenāgile de ſainct Iacques, dōt lon m'ba
ſeulement imprimé le texte ceſte annéé 1552.
tellement que la Region des Iuifz eſt le pais
de là de la Chine, dont eſt naye l'opinion. &
le Roy ſās aulcune doubte c'eſt Ioſef leſpous

C iiij   de la

de la vierge & mere. vers l'occident la region est dicte Cegnico, *il s'entend la Iudée.* lequel Roy estoit appellé Iambon daino, la Reine Magabonin. *par les premieres letres de Iosef & de Marie se peut encores veoir quelques coniectures de leurs noms.* Audict Roy *a Iosef ou a toute l'Eglise Iudaike ou Abrahamike* en son ge *c'est l'Euangile parlant de Iosef,* ie ne sçay quel petit enfant . *L'ange qui apparoist selon le dire des anciens Cherubaia, c'est a dire comme petitz enfantz, annonceãt & parlant au nom de Dieu, qui les ennoye,* apparut en songe ou en vision disant, ie veux naistre & naistray de ta femme, *Car ainsi s'appelloit la vierge.*& ceste vision luy estãt troys foys aduenue, tout estõné depuis qu'il l'eut recité a la Reine , delibera de ne la toucher pour ce moys *ne pour iamais,*& ainsi sans ocuure d'homme se trouua enceinte. *Cest la diuine*

nine incarnation cogneue par l'Astronomie
des Mages, qui estoient voisins de ce lieu cõme d'icy en Ierusalem. Et ayant enfanté
mourut. ainsi s'adiouste le faulx au vray
cõme nous voyons des choses sacrées du vieil
testament auoir esté faict par les fables. ce
que voyant le pere il bailla l'enfant a
nourrir a sa sœur. Il fut appellé Schiaca,
lequel nay incontinent deux serpentz
d'extreme grandeur vindrent sur luy,
qui le baignerent tout d'eaue. Cecy est cõ
fondu de la memoire du baptesme, dõt tourz
se baptisent, en la sonnenance de ceste fable,
& les serpentz sont procedez de la memoire
de Satan, qui apparut premierement en ser-
pent, & est condemné soubz le nom de ser-
pẽt. Et tellement furent consolidées ses
iambes & membres, que le tiers moys
il se tint tout droict. ce qui signifie sa diuine nature. Dressant vne main au Ciel,
l'autre en terre, Ie suis, dist il, seul empereur

reur du Ciel & de la terre, *Ce sont ses pa-*
roles propres, là ou il dit. La puissance tota-
le du Ciel & de la terre m'est donnée. Luy
estant de dixneuf ans quand son pere
le voulut contraindre de se marier, cō-
syderant l'humaine misere, ne voulut
en ce obeir au pere ne cognoistre femme. Mais de nuict prenant la fuitte s'en
alla en vne montaigne. *Car la plus part*
de la vie & doctrine manifeste du Saluateur
fut sur les montaignes. Là il seist six ans pe
nitence. Depuis laissant la montaigne
se mist a prescher auec merueilleuse deuotion, tellemēt que vers les gentz qui
estoient idolatres, tant profita qu'il fut
incontinēt en admiration, & renouuela
leurs loyx, enseignant a tout le monde
le moyen d'adorer Dieu. Il assembla
des disciples huict mille qui ensuyuirēt
sa maniere de viure, *nombre certain pour*
incertain. du nombre desquelz ilz vindrent

drent quelques yns au pais des Chines,
qui sont les anciens Sines ou leurs voysins
là ou ilz prescherent ses sainctes loyx,
telement qu'ilz côuertirêt tout le mon
de en leur sentence & doctrine, & aux
fins de la terre leurs paroles sortirent, & destruisirent les Idoles & les rompirêt, &
les temples, & lieux, là ou ilz estoient
adoréz, ne doubterent d'euertir & ruy-
ner. par cecy se voit trescertainement que la
fable de Schiaca, ou pour lire la lettre x a la
mode espagnole, Xaca, n'est aultre qu'une
nuée obscure, extraicte de l'histoire Euangelike. Car il n'y ha iamais eu que deux de-
structeurs des Idoles, & de leurs têples, l'un
sâs espée & force, par seule bôté de vie et vea-
rité de doctrine, l'autre, a force despée & de
tres mauuaise & vicieuse vie. Le premier est
Iesus Christ, Le second est Muhāmed, duquel
il est tout certain q̃ telle fable ne peult estre cô
posée, car il ha en tout l'orient yn monde de
                                    sectateurs,

sectateurs, qui par l'Alcoran sçauent son hi
stoire. Mais en orient auant que les liures, &
Doctrine confermée par concile, peust estre
conioincte a la bonne & miraculeuse vie, les
tyrans & faulz prebstres des Idoles, & les
Heretiques destruisirent les bons principes,
& ainsi Iesus s'est monstré omnipotent con-
seruateur des ordres & de la vie, combien
qu'ilz n'ayent point de doctrine Euāgelike,
comme telle, en leur cognoissance. Estantz
arriuez en Giapan ilz feirent le mesme,
dōt iusques a nostre temps lon voit en
ladicte isle plusieurs morceaulx & pie
ces de statues & Idoles. Cedict Xaca
enseigna qu'il est vn seul Dieu createur
de toutes choses, lequel il feist peindre
ainsi auec vn corps & troys testes. Cecy
nous demonstre clairement non par l'image
simple, mais par la doctrine & signification
que c'est Iesuschrist, qui luy seul ha reuelé la
doctrine du Dieu Trine & vn, côtre laquelle do-

le doctrine principalement les bastardz & semi Iuifz Ismaelites par leur Muhamed se sont, tant qu'ilz ont peu, estené. Il donna cinq commendemétz. Le premier que nul ne tuë aultruy & beaucoup moins soymesmes par mort spirituele ou corporele, ce que ne faict Muhammed, qui occist en la voye de Dieu. Le second quon ne desrobe point. L'un precepte est pour les corps, l'aultre pour les biens. Le tiers que nul ne face fornication gardant son corps net. Le quart que nul ne se côtriste pour les choses qui ne peuent estre aultrement, desprisant les choses du monde & apprisant la seule volunté de Dieu. Le quint, que nul pour quelque iniure receuë ne aye hayne ou rancune, mais pardonne a ceulx qui l'ont offésé. Icy est la vraye & nayne touche de nostre Saluateur & pere Iesus, qui luy seul en sa legislation premierement ha donné ce sainct commendement de

pardonner

pardõner & d'auantage áymer fon ennemy.
D'auantage il laiffa plufieurs liures, cõment vn chafcun fe doibt gouuerner
vertueufemẽt felon fa vacation. Commanda q'uon ieufnaft fouuent, & que
la penitence eft aggreable a Dieu, *C'eft
la premiere reigle, Faiftes penitence, car le
Royaulme de Dieu ainfi admiet.* Ie luy demandoys f'ilz fe baptifoient point,
Toutz, dift il, incontinent qu'ilz font
nayz, fe baptifent, affin qu'ilz foiét plus
femblables a Xaca qui fut baptizé par
les ferpentz. Que fi quelqu'un mouroit
fans eftre baptizé, cela feroit imputé a
grand peché aux parens: *par cecy fe voit
clairemẽt, q̃ Xaca ne peult eftre aultre q̃ Ief
qui luy feul ba inftitué le baptefme a l'exemple duquel cecy fe faift.* Dauãtage difoit,
que les religieux eftoient couftumiers,
quand quelqu'un eft malade, de l'aller
vifiter, pour le confoler. *Ce qui eft propre
du*

du Chrestien & institution, & cōmandemēt
de Iesus seul, de quoy en Muhammed ne en
aultre ne se trouue rien, leur recōmendant
de disposer de leurs choses, & si ilz les
voyent en danger de la vie, attendre là
la future, & ne priser rien toutes ces cho
ses transitoires, & qu'ilz soient cōtentz
de les laisser. *Cecy est le propre des Chre-*
stiens. Et quād ilz meurēt, les religieux
vont en cōpagnie & procession, louāt,
& chantant, & prēnent les corps, & les
portent aux monasteres, & les enseue-
lissēt sans auoir aulcū esgard s'il estoiēt
riches ou poures, & ne cessent de faire
oraison pour les trespassez, affin que
Dieu leur pardonne leurs pechez, &
pour ce faire ne prennent rien, & seroit
tenu pour meschāt qui en auroit prins
quelque chose pour payement. Mais
si les parentz leur dōnent quelque cho
se pour aulmosne, ilz le recoyuent. C'est

sans aulcune difficulté la constume des Chre
stiens. Dauãtage dict, qu'il y ha vne mo
de de faire vne pœnitence, ce qui est demouré de l'usage de la penitence publique,
& est enrichy de superstition, comme elle ga-
ste tout ce qu'il y ha de bon au monde, soubz
couleur de bien, ou de mieux faire. Ilz ieus-
nent cent iours au lieu de la septuagesime
mettant trente iours d'auantage, durant lequel temps iadis les penitentz, & Lugerons
alloient par les desertz comme dispers, iusques au Ieudy absolut, ainsi appellé de la cõ
mune absolution, de ce que nous n'auons pas
tant retenu comme en Iapangui, auxquelz
ilz ne touchent a leurs femmes, & vont
en vne forest, la ou il y ha beaucoup
de maisons constituées, comme hermi-
tages, lesquelles d'hermites faisantz vie
tresaustere sont habiteés. La horribles
cris & pleurs sont ouys, & se voyent
beaucoup de feus par les illusions de Satan,

t.an, comme iadis en Aegypte a fainct An-
toine, Paul, Hylarion, Macaire & aultres
fainctz peres apparoiffoit. Ilz font lá par
7 5. iours, *C'eft la feptuagefime* & ne men-
gent aultre chofe qu'une feule poignée
de ris chafcun iour, & de l'eau . Eftant
acheuez les fufdictz iours, toutz ceulx
qui font ainfi efpars parmy les foreftz,
qui font quelque foys vn millier, f'af-
femblent en vn & venantz a vne defdictz oratoires, chafcun fe mettant a ge
noulx confeffent les pechez de la vie
paffée tellement que chafcun les oyt.
Et n'y ha nul qui iamais reuelaft aul-
chune chofe là reuelée, de ce qu'ilz don
nent le ferment audict lieu mefme.
Qui pourroit aulcunement doubter que ce ne
foit l'auriculaire & publique confeßion ia-
dis entre les Chreftiens vfitée, qui en ladicte
ifle feulement auec les aultres chofes eft de-
mourée a caufe que les Orientales tyrannies

D   *n'y ont*

n'y ont peu paruenir, comme il se veoit clairement dedens l'histoire de Marco Polo, que
le grãd Chan mesmes ne les sceut subiuguer.
Il y hà aussi en terre ferme Oriĕtale plusieurs
peuples, entre lesquelz sans aucune doctrine,
est demouré le seul vsage des ceremonies, &
costumes par lesquelles se garde la fin de la
doctrine, combien que sans la foy, & sans
en cognoistre l'autheur, toutes choses sont, ou
deuiennent vaines. Durant ladicte peni-
tĕce ilz ne dorment iamais, & ne se des-
pouillĕt point, & sont vestuz d'vn gros
linge de sacz cõme d'vn sac, nudz piedz
& nudz testes, n'arrestantz iamais, cha-
cun iour cheminant dix ou douze mille, tournoyant vne mõtaigne en ordre
de pcessiõ. Et quãd ilz sont ven° a certains lieux ilz se reposent, & sõt du feu
pour se reschauser. Et s'il y en ha quelqu'un qui dorme, ilz ont entre eulx cõ-
stitué vn chef des penitĕtz, qui a coups
de baston

de baston n'efpargne perfone. S'il y ha
quelque malade, qui ne puiffe fuyuir les
aultres, abandonné de toutz meurt là.
C'eft le mal de fuperftition qui faict aban-
donner là fon frere Chreftien foubz couleur
que les aultres ne feiffent le malade. Que
f'il aduient, qu'il meure prefent la cõ-
paignie, ilz le coeuurent de pierres. *Ce*
qui dure encores en toutz les pays que i'ay
veu entre toutz peregrinantz: & cecy fe faict
par memoire. Et ainfi a vn bafton fur la
foffe ou fepulture efcripuent le nom &
le lieu dont il eftoit. Ilz portent toutz
chafcun vne table attachée deuant l'e-
ftomach, dedãs laquelle tant le nom cõ
me le pays eft efcript. Tãdis que cefte
peregrination dure dedãs le defert, beaucoup de fãtafmes & mauluais efpritz
apparoiffent en tel nõbre, que fouuent
là ou ilz ne font que cent, on les cõpte-
ra deux centz, ce que veoyãt le maiftre

D ij   de la

de la compaignie cognoissant les fan-
rasmes par n'hauoir table attachée au
col,comme les hommes,tellement que
là ou il n'y ha qu'vn Ian ou vn Pierre,
il y en ha deux qui ont prins la figure
humaine,lors s'arrestantz sont oraison
a Deniche qui est Dieu, & les mauluais
espritz se partent . *Grande puissance de*
foy & d'oraison encores qu'ilz ne sçachent
ne le vieil ne le nouueau Testament . En vn
clin d'oeil par l'oraison s'en partent .
Et en cecy se veoit,ce qui est en la seule puis-
sance de Iesus Christ Dieu & hõme, chasser
Satan. Car depuys que l'oraison qui se faict
a Dieu,les chasse, il est trescertain que ce n'est
pas collusiõ diabolique , mais est force Diui-
ne,qui ainsi le faict. Car quand Satan faict
des collusions,comme venant & s'en partãt,
ou,blessant,& ostant la cause de la blesseu-
re,quand il est innoqué,c'est affin d'estre hõ-
noré;comme iadis du tẽps des idolatres fai-
                                              soit,

soit,& au iour d'huy entre les Sorciers & ha
bitātz des terres neufues & entre les Indiēs
infideles encores faict, mais quand en innoc-
cant Dieu createur du ciel & de la terre il se
part, il fault que ce soit a bon escient, & en
despit qu'il en aye qu'il le face. Car il se mōstre vaincu, confus, & deshonnoré en cedant
aux seruiteurs de dieu Et quelque chose qu'il
en soit, combien que ledict Auger & les suf-
dictz marchantz Portugaloys n'en sçachent
rien dire plus auāt, il fault qu'il y aye lá de
la semence & doctrine Euāgelique, qui n'est
pas exposée au peuple, & par ainsi ilz com-
posent des fables auec la vieille memoire de
la verité. Et quād du tout la doctrine seroit
perie, nous veoyons comment Iesus se mōstre
tout puißāt en ceulx qui de si foyble memoire gardent le mieulx qu'ilz sçauent & peuuent le vestige de ses commandementz. Et
quand ces penitentz icy retournent a
leurs parétz & pays plus palles & mai-
D iij   gres

gres & hydeux que la mort apparoiſ-
ſent noirs comme deterrez, a cauſe que
en tout ce temps iamais ne ſe lauent, ilz
arriuent auec treſgrádes compaignies,
tellemét qu'il n'eſt nul qui de deuotion
ne touche leurs habillementz. *Choſe ia-*
dis vſitée, iuſques au baſton d'Eliſée, au má
teau d'Elie, & aux mouchonoirs de S.Paul.
Audiĉt pays auſsi y ha force enchanteurs & magiciés, deſquelz toutesfoys
les bonnes & prudentes perſonnes ont
m'auluaiſe opinion. *Nous veoyós par ex-*
perience, comment auec la force du ſang des
Martyrs, & en apres auec les forces du Ma
giſtrat Sacré, temporel & indiciaire a grád
péine en ſix centz ans peult eſtre a Rome de-
ſtruiĉte la faulſe doĉtrine & religion des
idolatres & gentz oraculaires & diaboli-
ques, combien que leſdiĉtz Magiſtratz ſeuſ-
ſent Chreſtiens & treſpuiſſantz pour ce que
cõſyderer Dieu nous ha laiſſé c'eſt exemple
des Gia-

des Ciapãgniens, là on ce n'est merueille que
comme en vn nouueau monde telles artz se
treuuent. Car tout l'Orient ha eu les innoca-
tions ou de bõs ou de mauluais espritz, auec
plus de familiarité que l'Occident, comme
par l'histoire des Abrahmanes ou Gymno-
sosistes se veoit. Par ce apparoistra infiniemẽt
grande la puissance de Iesus, qui si peu y en
ha laissé, & tant y ha gardé de son hõneur,
pour monstrer sa victoire au mõde sur les mi
nistres de Satan. Il appert qu'il est infiniemẽt
plus fort, qu'on ne le croit, en ce que par seule
traditiõ 1550 ans ha gouuerné vn tel peuple
ne sçachãt pas seulemẽt sõ Nom pour mãstrer
q̃ non ceulx qui le nõment, disant Domine
dñe, mais ceulx qui font sa volũte, sont ceulx
qu'il ha pour pere, mere, frere, soeur, parẽtz &
amys. Ilz sont d'auãtage hõmes tressufi-
sãtz en Astrologie, telemẽt qu'ilz p̃disẽt
choses merueilleuses. Par ce, cõme le ciel
nous recite la gleu̅r̃ de dieu, aussi Iesus vou-

lut, que de ce pays là d'Orient, les Astrologues ou Mages veinssent a demonstrer la natiuité supernaturelle du Roy des Iuifz. Car oultre la supernaturelle estoille, qui les conduysoit, ilz sçauoient que Aries, ou le capital & prince de toutz les signes, & Leon ou est la plus grande estoille, dominoient sur la Iudée, de ce que cōbien que nous n'ayons nulles histoires, ce n'est pas a dire qu'ilz n'en eussent alors, comme par les escriptz astronomiques, des Chaldéens, Egyptiens, & Grecz iusques au iourd'huy nous appert. Ilz ont force histoires, & ne se faict rien, qu'ilz ne mettent par memoire. Car sans les lettres & Chroniques il seroit impossible de pouuoir monstrer, comme les predictions tāt diuines comme humaines, sont accomplies, ce qui est necessaire a sçauoir pour cognoistre la Diuine prouidence hauoir cure & soing des humaines choses cōme de la Nature, & infiniement maieur. Ilz sont d'vn esprit

fort

fort aigu & ſubtil. Ainſi dit M. Paul eſ-
crinain, côme par deça. Ce qui me le faict
croire eſt l'eſprit de ceſtuy cy ſi treſuif
& prudent, qu'il ny ha nul de nous, qui
ne luy puiſſe porter enuie, & monſtre
non ſeulemēt par parolles, mais par effect comment treſfort luy deſplaiſent
les vicieuſes couſtumes de pluſieurs des
noſtres. Et d'auantage ſe faict fort, que
toute l'Iſle de Giapangui, ſe fera facile-
ment Chreſtiennç. Ce n'eſt de merueille,
car il ne luy en faille que le Nom, & a nous
ne nous en fault communemēt que les effeſtz
& la vie, car du Nom & de la doctrine
nous en auôs aſſez ſi nous la voulions execu
ter. Car ilz ont en leurs liures qu'il fault
que tout le monde vienne en vne ſeule
loy beaucoup pl' exquiſe q̃ celle qu'ilz
ont, laq̃lle ilz attédent, & pēſent que ce
ſoit la noſtre, de laquelle il ne ſ'en peult
donner vne plus conſummée, ainſi côme le

me le mesme Auger dict. C'est là, ou tend
tout le monde, combien qu'auec l'amour propre pour soy le desyre. Car il fault qu'il
soit faict vne bergerie & vn pasteur qui soit
non seulemēt Spirituel & Celeste, mais aussi
temporel & armé de Raison, tellement que
nulle creature raisonnable ne luy puisse contredire, qu'elle ne merite la mort. Car animal
raisonable, qui abuse, ou ne veult vser de rai
son, doibt mourir s'il ne se corrige. Toutz les
peuples d'Orient le soustiēnent tant entre les
Brahmins ou Abrahmanes (ainsi cōme par
aultres lettres Indiennes appert) comme entre les Mores & Chrestiens. C'est pourquoy
entre le Treschrestien peuple, ie suys mis comme le blanc au traict, à celle fin que la concorde eternellemēt destinée de dieu pour estre
mise au mōde, y soit introduicte, de ce que ie
suys tresseur, que maintenāt (combien qu'au
monde de la sapience mōdaine & des affectio-
nez cerueaulx) ie iecte & ay desia en plu-

sieurs

fieurs efcriptz mis & plate les fő demëtz lefquelz, iamais ne feront demolis. Car i'en ay
la charge tellement par la Raifon munie,
qu'il n'y ha raifonable creature, qui la me
fceuft ou penft nyer, oultre que i'en ay du Cő-
mandeur fouuerain telle charge, que a quicő-
que on ne la vouldroit, ou fe diroit ne la pouuoir entendre, ie luy en feray auec la vie, ou
auec le fouuerain danger d'icelle tefinoi-
gnage, a laquelle peine ou danger fault que
quiconque y vouldra contredire, foit parfa
raifon contrainct. car il fault que la Raif-
fon du droict de Talion aye fon cours, pour
toutz & chafcuns les poinctz de la Diuine,
& de la premiere humaine Verité. Il fault
mourir pour fouftenir ladicte verité, ou au
moins f'en mettre en fon debuoir. Ledict
Auger eft en vne fouueraine lyeffe de
debuoir cőduyre les peres predicateurs
de la cőpagnie de Iefus en Giapã pour
y annőcer ladicte noftre Loy, auec lefquelz

quelz il ha du tout deliberé d'aller, cõ-
bié qu'il soit icy marié, pour y estre ou
troys ou quatre ans, iusques a ce qu'il
voye l'huys ouuert a l'Euãgile, & estre
quelque principe a la Chrestienté, &
qu'ilz ayent apprins nostre langue.
Quant est du lieu & habitation, il dict
estre salubre & commode, sauf qu'il y
ha de si horribles ventz, qu'ilz estõnent
& font trembler la terre, en telle sorte,
qu'ilz iectent les personnes par terre.
Ie ne doubte, que comme escript Hernãdo O-
uiedo du monde nouueau, que le Huracan ou
horrible vent & tẽpeste se faict par Tuyra,
qui est le diable en leur langue, qu'ainsi en
Giapan se faict. Et ont obserué aux Terres
neuues, ne se pouuoir contre tempeste si horri-
ble trouuer aultre remede, que de garder en
quelque lieu le sainct Sacremẽt de l'autel, au
pres duquel iamais ladicte tempeste de Hu-
racan, qui aultrement arrache tellement mil-
liers

liers de groſſes arbres leur tournant la racine contre mont)ne ſe peult faire , & ne les en
menaſſe plus Satanas , comme il ſouloit. Le
meſme vent diabolike ſe faiſt aux Terres
neuues deſcouuertes par le commãdement de
bône memoire le Roy Frãçoys,& ne ſ'en eſtõ
nent les habitantz qui appellent Satan Cu-
diagué,duquel n'ont nulle peur,comme n'ont
auſſi les Patagõs geantz de l'Amerique , ne
les Indiens ſuperieurs,a cauſe que Satan, là
ou on ne parle point de Chriſt, qui eſt ſon ad-
uerſaire , ſe faiſt familier entre eulx . Plus
dit, q̃ toutes ſortes de fruiſtz & de metaulx ſ'y treuuét comme deca. De ſer-
pentz y en hauoir peu,beſtes ſauluages
comme lyons,ſangliers,& aultres aſſez.
Il n'y ha point de vin , au lieu duquel
ilz font de la ceruoyſe de ris comme en
Flandre d'orge ou aultre grain , cõbien
qu'il ſ'y treuue des raiſins ſauluages beaucoup , deſq̃lz cõme d'aultres fruiſtz,
& de

& de riz,& de poisson cóme en Inde vi
uent . Il y ha du froment assez duquel
ilz font des vermicelles pour les pota-
ges , & de petites choses cóme oublies,
& n'ont point de pain , car ilz ayment
mieulx le faire de riz. Il y ha des poul-
les, toutesfois ilz ne nourrissent nulz a-
nimaulx a la maison. Oultre il y ha audict pays vn Prínce qui porte vne croix
pour enseigne en sa banniere ou esten-
dart, ce que nul ne peult aultre que luy
en toute l'Isle faire. *Cecy est la vraye con-*
firmatió ꝗ X A C A soit la adoré pour I E-
SVS CHRIST CRVCIFIE. Ilz
font leurs oraisons par certains nóbres
de Pater noster ou de chapelletz cóme
deca,pour cópter leurs oraisons. Ceulx
qui sçauent lire, vsent de liures pour les
dire . Ceulx qui font oraisons auec les
chapelletz,ont pour chascū nóbre vne
oraison qui est deux foys aussi longue
comme

comme noſtre Pater noſter. Il y ha cẽt
& huiĉt pater noſter telz, duquel nombre quand ie luy demãday la raiſon, il
me diſt qu'il y ha autant de pechez en
l'honime ſelon la ſentence de quelques
leurs doĉteurs,& que cõtre chaſcun pe
ché ſ'en dict vne. Toutesfoys ilz ne les
entendent point a cauſe de la diuerſité
de la langue. *Ainſi ſe voit, que ceſte doĉtri*
ne eſt treſancienne & iadis inſtituée, car au
commencement il falloit que tout le monde
euſt les ſainĉtes eſcriptures en langue qu'il
peuſt entendre & inſtruire ſa famille, ce qui
fut iadis ſur peine d'excõmunication au Cõ-
cile Nicenien cõmandé.Et par ce ſainĉt Hie
roſine traduiſit aſes Eſclauons la Bible, le
miſſal,le breuiere & les heures, dõt iuſques
au iourd'huy toutz vſent encores depuys la
Sclauonie iuſques en la Moſcbouie par plus
de ſix centz lieues. Ainſi les Armeniens &
autres gentz. Ainſi les Georgiens, Suriens,
& Iſac-

& Iaacobites dictz au iourd'huy Coftiffgar
dantz en tout & partout les Grecques tradi
tions, auec lefquelles aultrement ilz euffent
gardé auffi la langue Grecque, f'il n'y euft
en expres commandement de mettre en lãgue
a toutz intelligible le Verbe de Dieu. De lá
vient qu'en toute la Surie a caufe que la langue Arabique y eft vulgaire depuys que les
Grecz mefmes ont leu l'Euangile en Grec a
la meffe, ilz le lifent en Arabic comme font
auffi les Syriens, Iaacobites & Maronites.
Ie penfe auffi qu'au dict pays d'Orient y ha
eu la mauluaife couftume (ie dis mauluaife,
depuys Iefus Chrift incarné feulement, car au
parauant c'eftoit la gloire de Dieu de cacher
fa parolle, pour la rendre admirable, ce qui
: a eft proprieté du Iudaifme, des Abrahmanes, des Pythagoriques & des Druides) des
fçauantz ou de cacher ainfi l'Euangile tant
qu'en eulx, & au peuple eft pery, comme en la
pluspart du monde eft aduenu, ou d'eftre ne-
gligentz

gligentz de l'expofer, par fe contentet feulemẽt des œuures fans la doctrine. Ainfi cóme eft a nous de la lãgue Latine. Au mãtin ilz incontinent qu'ilz font leuez difent neuf parolles dreceãt deux doigtz de la main cóme quand nous faifons la croix, anciẽne cõftume & epifcopale & vfitée, & font neuf fignes de la croix a mode de celle de S. André, qu'ilz fe difent faire de paour que Satan ne leur nuyfe. L'ange qui feit au fortir des Totares ouurir la mer, leur aprint a faire neuf oraifons des neuf.noms, tellement que comme sadis dedens la terre fainéte auant qu'ilz feuffent faictz les Iuifz clos, s'en fuyant infques en la Septentrionale partie du Catay en Arfareth, ilz debuoient hanoir leur denotion par neuf diuines innocatiõs, quand (ainfi comme l'h.a efcript Hayton) ilz en fortirent, leur Ange leur enfeigna a faire les neuf genuflexiõs, & autant d'oraifons, fe que ie penfe en l'innocé-

E   tion

tion des neuf Chores ou assemblées des An-
ges auoir esté aux Giapangiens enseigné.
Mais ie ne veulx pas taire ce qu'il m'ha
dict, qui est fort memorable. Car il af-
ferme leurs religieux faire les troisveux
de Chasteté, Pauureté, & Obedience.
Pour imiter cestuy lá seul, qui estant Dieu, pe-
re, Pape, Empereur, & iuge de tout le monde
voulut en Pauurete, Douleur, & Mespris, pri-
ue de Richesses, Plaisirs, & Honneurs, viure
& mourir, ce qui conferme qu'ilz sont Chre-
stiens de toute antiquite. Et n'est nul receu
en leur cópagnie, qui ne les aye faictz,
& que premieremét ne se soit long téps
en humilité exercé. Telz peuples cóme
ilz sont en vn mesme climat comme
nous, aussi sont ilz d'vne mesme couleur, blancheur, haulteur, prudentz, sai-
ges, lettréz & de lettres amateurs, desquelz les coustumes en paix & en guer
re, & la cóuersation domestique est cóme a

me a'nous, fors que incontinent iustice
est executée, tellement que si quelque
serf de faict ou de parolle haura offensê
son maistre, ou luy faict ālque deshon-
neur, il le peult tuer sans reprehension.
Au pape ou souuerain q est le VO-VS
succede le filz aisné. Et s'il n'ha enfãs le
pl° proche de sang. Ainsi iadis ont faict, ce
qu'ont pardeçà, il y ha au moïs sept, ou huict
cents ans essayé & plus, que iamais essayēt,
& sont autãt qu'ilz penuēt les symoniaãs prē-
latz & souuerains de la Latine Eglise, fai-
sãt hereditaire le patrimoine de Iesus Christ.
De la quelle coustume vsent les infe-
rieurs seigneurs & princes. Leurs princes ne sont nullement tyrans, mais au
côtraire sont si pacifiques, que s'il y ha
quelques discordes & querelles entre
quelques vns, le mesme Prince souuerain, qui est plus grand que l'Empereur de
deçà cherche moyé de les appoincter.

E ij   Que

Que s'ilz sont si animez qu'ilz ne se laiſ
ſent recôcilier, le meſme GOXO, *là u*
la x. se liſt a l'eſpagnole, faict la guerre a
qui ha tort, & les priue de la richeſſe &
ſouuent de la vie, & baille leurs biens a
leurs ſucceſſeurs, ſans en rien côfiſquer,
ainſi côme s'ilz eſtoiét mortz de peſte.
C'eſt vn deshôneur & infamie immor
telle a qui ſa femme viuant ſeroit allé
auec vne aultre pour mal côuerſer. Au
ſurplus pour les mortz ilz font oraiſôs,
ieuſnes, aulmoſnes, peregrinations, cô
me nous pour la remiſſion des pechez
tant des viuantz comme des treſpaſſez.
Et le font pluſieurs foys l'an. Ilz diſné
a la meſme heure côme nous, mais il y
ha difference entre leur ieuſne & le no
ſtre, que le leur eſt eſtroict & ſeudre, le
noſtre large & ſuaue. Il y ha vne môta
gne, là ou il y ha cinq mille religieux ri
ches, qui ont grãd nôbre de ſeruiteurs,
belles

belles & grandes maiſons, bien accom-
modées, là ou ilz ont abundance de ve-
ſtemētz, victuailles, & de tout, qui ſont
tellemēt amateurs de chaſteté, que non
ſeulement ne laiſſent approcher de plu
ſieurs milles loing d'eulx nulle femme,
mais nulle choſe qui appartient a femme. Les ſēmes par quinze iours depuis
l'enfantement s'abſtiennent de conuer
ſer, & par quarāte iours ſōt ſans entrer
en l'Egliſe. *Qui ne voit que cecy ſoit de la*
Loy de Ieſuschriſt, il n'ha poinct d'ieulx. Et
auſsi bien les éſclaues & ſerues ſemblablement, ce qu'elles ſont, quād elles ont
leurs fleurs lunaires. Et ſi quelqu'un les
touche, alors ilz diēt qu'il fault qu'il ſoit
laué comme les Iuifz. Les femmes qui
ſont pauures, ſi elles ont beaucoup d'en
fantz, leſquelz elles ne puiſſent nourrir,
ont ſi grand horreur de la mendicité,
qu'elles tuent les derniers nayz, & n'en

sont point reprises. Il disoit dauantage,
qu'il y ha mille & cinq cētz ans, *lequel*
temps ainsi cōme aussi il s'est daigné de me
reueler, monstre assez que ledict XACA en
leur langue c'est IESVS, que ledict Xaca
passant dedēs le Regne de Cenico, qui
est passant la Tartarie & la Chine venant de Giapan, fut cause que les Idoles furēt destruictes en ladicte prouince
de Giapan. De l'enfer ilz disent beaucoup de choses en leurs sermōs. Que lá
dedēs par les diables les Ames sont tor-
mētées en feu perpetuel, lesquelles pei-
nes ilz disent que quelques vnes y sont
pour quelque temps, qui tandis qu'elles estoiēt icy, n'ont pas faict punition
d'elles mesmes par penitence, iusques a
ce quelles eussent purgé toutz leurs pechez. Ce lieu ilz le nommēt Purgatoi-
re en equiualence & ne cessent iamais
de parler des ioyes de Paradis, lequel
lieu

lieu ilz nomment le Paradis, duquel ilz
difent que c'eft aufsi l'habitatió des Anges, qui font toutz confacrés a la Diuine maiefté. Defquelz il y en ha qui font
gardiens des hommes qui font de plus
noble matiere que nous, lefquelz n'ont
point de matiere des elementz. Et parce ilz portent leurs images. *Tout cecy eft
de la Doctrine Chreftienne* Ce peuple là
ha de fort longues oraifons a la louen-
ge de Dieu, & des contemplations, prin
cipalemét les religieux. Quand ilz châ-
tent, ilz enuirónent leur autel. Et inui-
tant le peuple au fermon, il le font auec
cloches cóme nous, *ce qui eft aufsi Chreftien.* Semblablement pour les oraifons
publiques. Et quãd quelqu'un meurt,
ilz conuiénent enfemble pour l'enfep-
uelir, ou pour le brufler, *En cecy appert
qu'ilz tienent encores des Indes, car iufques
au iourd'huy, & iadis de tout temps, ilz ont*

E iiij   cefte

cefte couftume de brufler les corps. cé que
faifant ilz ont des chandelles allumées.
Et les oraiſős, les loix,& toutz les mo-
numiétz de lettres font en vne langue
ancienne toute differente de la vulgaire,commea nous la Latine . Ie luy demandoys ſ'ilz auoient des facrifices. Il
dict qu'il y ha certains iours Meffes ou
facrifices, & que celluy qui eft chef du
peuple, ſe veſt de certains veſtementz,
& va a l'Eglife deuant tout le peuple,
ayant certaines odeurs auec des feuilles
odoriferantes & de l'encens & fur vne
grande pierre quarreé large en forme
d'autel, lá ou il perfume en chantant.
Leurs Eglifes ont les mefmes priuile-
ges comme les noftres . Car nul qui y
foit quicóque y foit allé pour franchi-
fe (fauf que pour larcin) cóme en lieu
facré ne ſe peult prendre par les mini-
ftres de la iuftice, combié que le delict
soit

soit enorme. Dedens leurs temples il y
ha plusieurs ymages de fēmes & d'hō-
mes qui ont des diademes sur la teste cō
me les nostres, & sont dorez . Leurs
sainctz sont honorez comme nous faisons aux nostres . Ilz adorent vn seul
Dieu createur du ciel & de la Terre,
Ilz font oraisons aux sainctz comme a
itercesseurs vers Dieu, affin qu'ilz priēt
Dieu. Dauātage ilz ont vne femme qui
tient vn petit enfant en ses braz en la
sorte que nous auons la vierge Marie
auec l'enfant Iesus . Ilz appellent ceste
deesse Quamuó, laquelle ilz diēt qu'ilz
ont pour aduocate euers Dieu en tout
ce qu'ilz demandent , & estre generale
pour secourir en toutes aduersitez, tout
ainsi cóme nous faisons de nostre Da-
me. Mais cest hōme ne scait point l'histoire de ladicte femme. *Cela est pour*
tous certain que c'est Megabaxin la mere dů
tressainct

tresſainct XACA ainſi côme a nous, aulx-
quelz Satan ha oſté les noms de l'humaine
memoire, en ce pais la, ce que Ieſus ha permis pour monſtrer ſa puiſſance eſtre infinie en
la Reſtitution de toutes choſes. Ilz vſent de
toutes viandes ſans difficulté, & ne ſont
point circoncis. Il eſt vray ſemblable
quelque fois l'Euangile auoir eſté preſ
ché entre eulx, & la lumiere de la ſoy,
mais pour la punition de leurs pechez
auoir eſté obtenebré leur coeur, ou
qu'ilz ayent eſté ſeduictz par quelque
faulx profete côme fut Machomed, de
ce que ma faict ſoy vn Armeniê Eueſque qui quand i'eſcripuoys cecy, ſur-
uint, & ha eſté lá pl⁹ de quaráte ans, qui
m'a dict que les Armeniens au cômen-
cement de l'Egliſe allerêt en la Chine,
& y ânoncerêt l'Euangile. Ie prie Dieu
qu'ilz ſe laiſſent illuminer de la foy.
Car côbiê qu'il y ha huict mille lieues
de Ro-

de Rome a Giapan, toutesfoys ce n'eſt
rien a qui ha ſoif du ſalut des ames, &
peult eſtre vn tel chemin pour delices.
Si Dieu donnera la Grace a M. Francoys pere reuerend, d'y aller auec l'autheur des choſes qui ſont icy eſcriptes,
& deux aultres du pais, de noueau ba-
ptiſez, & troys aultres de nos freres,
l'auril prochain, ilz iront en Giapan.
Deuant deux ans aydất Dieu vous ſe-
rez certifiez du tout & quel & combiế
grand y ſera le profict ſpirituel, & ce
par la grace de noſtre Saulueur qui eſt
a iamais loué & beniſt, Amen. de Cochin le moys de Decembre 1549.

Ce que i'auoys par ma lumiere & par la diuine reuelatiố cogneu du nom de X A C A, demeure conſermé par les paroles de l'Eueſque
Armenien, telement qu'il ne fauſt aultre choſe
que leur reueler la cognoiſſance vraye de Me-
gabonin ou Quamuon, & de X A C A, affin
qu'ilz ſoient en foy comme ilz en ſont ia aux
ocuures

oeuures.& trefgráde imitation.Car nous voyons en cela plus gráde puiffance de Dieu qu'il
eft poffible, que laiffant lá tant aller en oubly
le nom de fon filz qu'il n'y eft nullement cô-
gneu, il ha ainfi en bônes oeuúres retenu l'O-
rient, qu'il n'y ha point de vie plus parfaicte,&
au contraire nous voyons en l'occident, lá ou
la fouueraineté de la doctrine Euangelike regne autant qu'il eft iufques au iourd'huy poffible, n'y eftre quafi rien demouré de la vraye
purité des oeuures ou perfections Chreftiennes, telement que l'occidentale vie eft fcanda-
le á tout le monde, & principalement entre les
ecclefiaftiques princes & iuges qui deburoient
refpondre en Saincteté a leur office. Icy eft
le but principal de mes miracles ou meruelles
du monde, qui eft pour faire a tout le monde
confyderer, comment au fons & maintien des
Chreftiennes interpretations Dieu ha fufcité
& faict renaiftre tele doctrine & compaghie
en Occident,qui ayant prins la voye de refor
mation au parangon & de l'Orient & de tout
le monde, ha efté incontinent en l'Orient con
duicte, pour faire foy que le mauuais & def-
reglé viure qui eft en Occident n'eft pas en
toutz, & qu'il y en ha lá qui ont & fouueraineté

neté de Catholique doctrine,& excellence de
tresparfaicte & bonne vie,qui sçauent faire &
dire tout ensemble, pour laquelle compagnie
mettre ensemble , combien que Maistre Ignace de Loyola Nauarroys gétilhomme se seust
en Espagne en tresparfaictes & Apostoliques
oeuures exercé , & seust cogneu pour ce qu'il
est tresgrãd seruiteur de Dieu,neantmoins iamais ne sçeut trouuer moyen de trouuer en E-
spagne cõpagnie qui le voulust en si glorieuse
entreprise imiter ne suyuir, iusques a ce que
venu a Paris en y ayant peu demouré & n'y
ayãt faict nulle grãde demonstratió de choses
exterieures,trouua ce neantmoins compagnie
qui en si glorieuse entreprise le voulust imiter.
Ce qu'il est impossible qu'a autre se puisse rese
rer qu'au sainct Esprit ou a l'Ange de la Gaule gardien , qui veult que de la Gaule partent
toutz les fondementz des souueraines admini-
strations du Roy des Iuifz . Il est impossible
que telle compaignie se soit esmeue par la vertu d'vn homme & estranger & incogneu, &
moins par la mutabilité & leuité Gallique(cõme on pourroit dire , & sçay que les Atheistes
& les heretiques ne faillent selon leur meschãt
& pourry coeur de dire & murmurer) mais
fault

fault que ce aye esté la mesme prouidence qui
inclina les coeurs de la Gaule pour le fondement de la Monarchie, laquelle Sertorius, Syl-
la, Marius, Lucullus, Antoine, Pópée, & beaucoup d'aultres hauoiét sans comparaison heu
plus grãd moyen & ambition que n'auoit Ce
far le dictateur. Ainsi est fort l'Ange de la Gau
le, lá ou il se ioinct. Car ayant eu la Chrestienté innumerables reformateurs, qui toutz ont
desyré de faire & veoir ce qui se faict & voit
en la compagnie de Iesus, iamais la prouidence n'en ha voulu ouurir la porte, sauf que a vn
Gothalan ou Nauarroys, & ce non pas en E-
spagne ou en Italie, mais en la Gaule, & non
simplement en la Gaule, mais en Paris, lá ou est
(comme aultrepart ay monstré) gardée la souueraine Authorité de Iesus Christ, & le souuerain sens des Diuines Escriptures, duquel sens
resolu a Paris despend la Determination & v-
sage de ladicte Authorité qui iuge entre le Pape & le Concile, en laquelle sentence le susdict S. Pere ne gaigne rien pensant ainsi attirer
les coeurs de Rome de repugner a sa mere l'V-
niuersité de Paris. Car iusques a ce que le Pape & souuerain de l'Eglise viue cõme S. Pierre, & ses vrays imitateurs, iamais ne sera sur le
Concile.

Concile. Mais ie me fuys trop eflogné des Indes. C'eft a caufe que par la Compaignie naye
a Paris, & qui en Paris ha donné ce confentement & vnion de recognoiftre le Chef de la
compagnie de Iefus, l'Orient ha pour tout certain donne l'huys ouuert deuant moy, pour
eftre faict vne bergerie & yp Paffeur, de laquelle chofe le fens m'ha efté eternelemét pre-
deftiné. Il y ha innumerables aultres fruictz
fpirituelz en l'Inde par le fufdict Schiabier &
aultres de la compagnie de Iefus & fufcitez &
confumez, defquelz l'hiftoire en autre temps
f'efcripura ou f'ordonnera en la confum-
mation.

*Du Huracan terrible tempefte par la prefence de
Iefu Chrift appaifée au monde nouueau. Chap. IX.*

G Onzale Fernande d'Ouiedo gouuerneur
& hiftoriografe trefexcellent aulx Occidentales Indes, qui font la terre iadis dictes
Athlâtis, efcript en fon abbregé adrecé a l'Empereur, que les Indiens adorent le Diable en la
plus horrible forme qu'il eft poffible, luy faifant des mefmes images tant en ftatue qu'en
painĉture, les plus horribles qu'il eft au monde poffible, de la forte que font par deçà les
paintres ou entailleurs foubz les piedz Sainĉt
Michel

Michel, ce qui est commun erreur, & procede d'une persuasion Indiane qu'ilz ont de faire la court non pas a Dieu, mais a son bourreau, affin qu'il les punisse moins. En somme ilz sont si obstinez a l'adorer, que lon ne les peult en nulle maniere retirer, principalement quád ilz sont vieulx. Et vne cause principale de leur obstination est, que quand ilz desobeissent au diable il leur promet de faire vne horrible tempeste qui se nomme le Huracan, de laquelle ay touché en l'epistre des Indes Orientales, qui est si treshorrible a veoir par ou elle ha passé durant quelque foys vne lieue de largeur, qu'il n'est au monde chose plus espouétable a voir, consyderant arbres d'incredible grosseur, non seulement arrachez, mais souuent tournez les racines contre mont', ce que auec horrible estonnement ayant veu le susnommé autheur, l'ha escript a telle personne comme l'Empereur Charles V. son seigneur. Dauantage dict qu'il est pour tout certain prouué, qu'en toutz les lieux & voysinez, la ou est le Sainct Sacrement de la substance de nostre Seigneur Dieu & homme Iesus Christ, Satan n'ha plus aulcun pouoir auec son Huracã, qui est chose a nous fort notable, contre l'infidelité pire que Iudaïque

[manuscrit:] ... a toute choses diuerses representer ... le figure
ciel, qui ... notement de ... soulphure se engendre
estant vn froid ... vent, et mettet vn chaud de ...

DES INDES. 41

que des Heretiques, qui ne veulent pas seulement autant attribuer au Sacrement de l'autel
comme les Iuifz par Diuin commandemét fai-
soient aulx Pains des faces ou de proposition,
Iá ou il y hauoit materiele Sanctification. Les
silosofes mesmes recognoissent en toute la Na
ture estre respandue la substance formelle de
l'Intellect Agent, & la Materiele de l'Intellect
Materiel ou possible, cóme ilz disent, l'vn qui
faict toutes choses, & l'aultre qui est faict toutes
choses (ce qui n'est autre q̃ la substance & estre *de Iesu*
dé nostre Dieu) Et ces aueugles icy ne veulent
pas tát conceder a la puissance de Dieu en son
Eglise, & a la foy des fideles dedés ladicte Egli
se, que la Substance vraye & trássubstátiée du
corps Formel soubz l'espece de pain, & du Ma
teriel soubz l'espece de vin puisse estre possible
ou reele, infidelité pire que de Satã, qui nõ seulemét le croit, mais s'en fuit au deuát & perd só
pouoir. Certes s'ilz n'en veulét croire a Dieu
ne a l'Eglise, il sault qu'en despit de leur cœur
ilz en croyét au diable. Il y ha infinis miracles
dudict Sacremét, mais cestuy cy est en estre, &
ha cét millions de tesmoings qui a ceste cause
se cóuertissént a Iesus Christ victeur de Tuyrá
qui est lé nom du Diable en leur langue. *Et pour confirma*

[manuscrit:] tion de ladicte verite, le miracle ... de ... Laon
34. mille tesmoings ... a feit ... Roy ... la
posterite.

D'vne aultre singuliere victoire de Iesus Christ contre Satan. Chap. X.

IL est escript par Pierre Martyr & aultres, que les premiers Chrestiés qui parlerét aulx Indiens de la Religion de Iesus, ie dy aux Indiés Iapetiques ou Athlantiques, qui se disent d'Espaigne ou de l'Empereur, pour prouuer qui seroient les plus fortz Dieux ou leurs Zemes, comme ilz nommét les fantasmes nocturnes qu'ilz adorent auec Satan leur autheur, ou ceulx des Chrestiens, car ilz parloient ainsi, ilz scirét ceste composition que estantz liez deux hommes, l'vn de noz gentz, l'aultre des leur, le peuple seust victeur de l'aultre duquel le Dieu hauroit rompu les liens de sa part. Ce que accordé, par deux fois inuocát la Vierge Marie, a laquelle nó sans cause les Mariniers comme aussi toutz fideles ont grande deuotion, incontinent les liens du Chrestien furent rompus, & la tierce fois relté de triple lien, non seulement fut deslié, mais l'Indien se trouua en vn instant lié de ses liens & de ceulx du Chrestien, ce que voyant les Princes Infideles, combien que au grand despit de leurs prestres, rendirent obeissance. Ie sçay que ce nouueau peuple, qui par force d'exalter la teste, rompt & destruict le

corps

corps de Iesus Christ,& nye la vertu de l'Euãgile, calumniera incontinent, difant que telz
miracles fe foient faictz par la mere de Dieu,
parce qu'ilz ne veulent·point cognoiftre que
infiniement eft plus grãde la gloire d'vn Roy,
& principalement du Roy des roys d'eftre fer-
ui & glorifié par fes mébres que par luy mefmes,& ne veulent point croire, que les fainctz
decedez ayent plus de puiffance que leur mef-
chante vie ou celle de telz qu'ilz font leur dõ-
ne a cognoiftre . Mais en fomme le Roy des
roys fo môftre plus puiffãt par fa Mere q̃ par
luy mefme , ainfi par fes Apoftres & Martyrs,
& d'autant plus que fes feruiteurs font petitz.
Cecy fut aufsi efcript par Faber en fõ abbre-
uié du nouueau môde,en Frãçoys,dedié a feue
Madame la Regente, Piero Hernandez aufsi
l'ha efcript. Cela eft commun en toute l'Amerike & aux terres neuues comme aux Indes que
ilz adorent le diable en la forme la plus horrible qu'ilz fe peuent auifer de le reprefenter.

De la merueilleufe raifon du temps en l'Indie lá
ou l'hyuer fe faict en efté.   *Chap. X I.*

C E la eft pour tout certain & par la Cofmo-
grafie cogneu, que toute l'Indie eft au deça de l'Equateur ou du cercle lá ou eft faict le
F ij   iour

iour egual a la nuict, telement qu'il ne fe treuue de l'Inde Orientale ou Portu-Gallike nulle partie cótinuée delá ledict cercle, fauf qu'on
vouluft mettre les Ifles voifines cóme les Molukes les Iaues, Iocat, la Samatra & autres auec
la terre. En toute ladicte cofte de l'Inde il eft
trefcertain que Dieu ha fi miraculeufement
pourueu, que quand le Soleil caufant la chaleur par fon acces, eft en fa gráde force depuis
le moys de may durant iufques a paffé Iuin,
Iuillet,& Aouft,il n'eft quafi iour qu'il ne pleu
ue ou continuelement ou pour la plus part du
iour en telle forte que pour les tourmentes &
horribles ventz qui pour lors fe font, il eft par
le commun edict (oultre le danger a toutz cogneu) des princes deffendu d'aulcunement na-
uiger en ce temps lá. Comme donc ainfi foit,
qu'en tout le monde il fe voyt par experience
le cótraire,& que quand le Soleil approche de
quelque pays,communement les proprietez de
l'efté y font en chauld & en fec, neantmoins a
lors que le Soleil y approche le plus pres, cóbien qu'il n'y face iamais tel froid comme icy,
neátmoins il y faict le moins chauld & le plus
humide qu'en téps qui foit en l'an. Et par ainfi
fault maulgré qu'en aye Satan & toute la Sapience

pience du monde confefler, que tout le monde eft gouuerné plus par Miracle & voye fu-
pernaturele qu'il n'eft par Nature, prenant nature pour vn ordre par tout efqual & vniforme. Car fi nous prenós comme nous debuons
la Nature, pour vne particuliere prouidence
de Dieu, qui n'eft aultre que l'effect & pro-
curation de la volunté Diuine difpenfée par
l'Intellect Agent, & par le pofsible, nous voirons en toutes chofes & miracle continuel, &
quant & quant ordre eternel & inuiolable.
Comme lon voit que toufiours la pluye vient
d'enhault, le vent d'acofté, le froid eftrainct, le
chauld diffoult, l'humide attendrift, le grief a-
baiffe, le feu eft chauld, la lumiere eft claire, &
telles chofes en nombre infini, font ordres de
nature. Mais quãd lon regarde pourquoy faict
inequalement froid en vn hyuer plus que en
l'aultre, ou au côtraire, cela fe doibt tenir pour
vne prouidence particuliere. Semblablement
quãd telle chofe fe faict en vn pays plus qu'en
vn aultre. En pareille raifon nous voyons par
l'ordinaire que d'vne tele femence naift tele
pláte, ou tele befte, ou animal, mais pourquoy
c'eft qu'é tel, ou en tel téps, en tel ou en tel lieu
il ne vient, & toufiours, c'eft prouidence par-

F iij tica.

ticuliere, de laquelle la clef & maniement est
baillée principalement au general Esprit Materiel qui guide la Nature. Ie dy le Materiel,
a cause que combien que le formel soit le plus
noble, comme le Masle, & qui faict toutes choses les ordonnât en leurs fins & but auât qu'elles soiét en elles mesinês, neantmoins la Materiele disposition est celle qui propremêt & qui
localement les esmeut & suscite, comme nous
voyons en la Generation humaine. Car le pere souuent sera bien disposé de semer & seme-
ra, mais si la Maternité n'esmeut la vie, & localement ne porte le fruict dedens soy, il ne nai-
stra rien de la paternele semence, combien que
en soy elle soit parfaicte, & paraduenture de la
mere aussi. Car il n'est non plus en la puissance de la Mere que du pere indiuidu & charnel
d'engendrer, si premierement le General pater-
nel & Formel esprit ou Intellect Agent ne co-
opere auec le Pere, & si le Maternel & le Pa-
ternel caché & enuironné au millieu dudict
Maternel tout ensemble ne vient a cooperer
a la Mere. Parquoy tout l'arbitre de ce monde
inferieur & Materiel est en la puissance & en
l'arbitre de la GENERALE FEMINI-
NITE', ENVIRONNANTE LA GENE-
RA-

RALE VIRILITÉ. Car c'est la Generale puissance & Moderation de toute la Nature, qui combien qu'elle face les choses Naturelement, neantmoins pour chasser l'impieté
de tout le monde elle les faict hors temps &
hors lieu quãt au iugemét de l'humaine Sapien
ce, combien que quãt a la cause premiere elles
soient ainsi bien comme aultrement tresordõ-
nées. Car la cause de tout ordre, n'est pas nostre
cognoissance, regle, ou discours de nostre cer-
ueau, mais la seule volûté & ordonnãce Diuine. Dõc a celle fin que ladicte Souueraine Ma
ternité ou Femininité ayãt dedãs soy la souueraine Paternité ou Virilité, soit en tout le mõde cognoue hauoir l'arbitre & puissãce de toute la Nature, pour en disposer selon l'Eternel
commandement de Dieu, l'hyuer des Indes se
faict en esté, & ainsi innumerables aultres ef-
fectz, & principalement dedens la Nature hu-
mido. Car la Maternité Generale est l'Esprit
de la Lune, comme la Paternité est celluy du
Soleil. De tel hyuer estiual vient que depuys
les longues pluyes de May, Iuing, Iuillet, &
Aoust, (parce que le millieu de l'Afrike est vn
mesme climat comme l'Indie) le Nil commence a croistre durant les grandes chaleurs de l'e-

fté en Iuillet & Aouft, lequel croiffement de
fleuue en ce temps là ne feroit pas admirable
pour le temps, mais pour le lieu feulemét. Car
aux fleuues qui defcendent des haultes & ni-
ucufes montaignes, celá eft commun, que pour
les grádes chaleurs de l'affiduité du Soleil vers
nous (qui au figne du Lion cóbien qu'il fe retire efchaufe communemét plus qu'en Cancer
ou au quart figne) les neges fe fondent, & font
croiftre les fleuues, comme on voit au Rone,
& en plufieurs qui cheent dedens le Rhin, le
Danube & le Pau. Mais pour autant que le
pais de l'Ethiopie ne porte nulles neges qui du
rent, & que elle eft toute foubz la torride Zo-
ne, il fault que ce foit a caufe des playes grandes qui fe font durant l'hyuer Eftiual. De cefte verité eft tefmoing la longue experiéce des
Portu-Galloys & les efcriptz du Varteine Romain en fon itineraire. C'eft vn des plusgrádz
miracles, & le plus contraire a la couftume du
fens humain, qu'il eft poffible, ce qui fe faict
en la nature humide, pour cótraindre tout l'orgueil de ce monde a ceder a Dieu par Raifon,
comme iadis par le faict du Deluge extermina
tout le monde. Car a là verité, fi par l'interpofi
tió des eaues fupracceleftes la force de là fuperieure

rieure chaleur n'euſt eſté moderée,l'orgueil dꝯ
monde euſt deſia par ſeuere iugement de Dieu
veu deſcendre le feu du Ciel, comme il ſault
qu'il face,a la punition des meſchantz, faiſant
vn lac ou eſtang de feu auec l'eaue incorru-
ptible . Car pour la poſſibilité & neceſsité de
ladicte diſpoſition d'vn eſtang de feu, ou de
la mer ardéte,nous eſt en ceſte diſpoſition In-
dienne propoſée, là ou l'humidité & chaleur
vegetable des deux elementz deſcend eſguale-
ment du Ciel , nous monſtrant qu'il ſault que
l'vn & l'autre element,ie dys du feu Celeſte &
de l'eau ſoubzceleſte, ſe remette enſemble.Car
tout mouuement tend a repos . Le feu des e-
ſtoilles tend a bas,comme celluy d'icy bas téd
en hault . Et tout feu eſt d'vne meſme eſpece
ainſi comme bien dit l'Ariſtote. Donc il fault
que le feu d'enhault par mode de pluye non
plus refrigerante comme a ceſte heure en Inde
& autre part, mais ardente, vienne du Ciel affin de cóioindre le feu ſuperieur auec l'inferieur, & ainſi de l'eau,pour a iamais punir ceulx
qui auront abuſé de la vie,fondée en chauld &
humide admirablement téperé en noſtre dicte
vie . C'eſt demonſtration naturele dont le ve-
ſtige ſe voit en l'eſtiual hyuer des Indes, là ou
la Ma

la Maternité du monde l'ha continué pour en donner sensible argument, & inexcusable raison.

De la merueilleuse habitation Indiéne, ou du terreftre Paradis, là ou eft naye la premiere Religion & Police. Chap. XII.

QVe les hommes par vertu des noms ou des parolles, ayent le seul moyen de cóuenir ensemble, cela est certain : Car sans l'vsage de parler, la Raison mesme ne seruiroit de rien a l'homme, combien que la cause finale pour laquelle Dieu ha creé le monde, soit la Police humaine gouuernée par Diuine authorité & par humaine raison. Dóc si la Raison humaine mesme pour l'vsage de laquelle Dieu crea le monde, ne se peult aulcunement mettre en vsage, sauf que par le parler & conuersatió humaine cóposée ensemble par ledict parler : il fault necessairement que le premier fondement, tant de la religieuse comme de la temporelle conuersation, soit nay, & despende du premier lieu, là ou il ha pleu a Dieu faire naistre les premiers noms de toutes choses. Puys donc que Dieu qui est tout puissant ha voulu que la Nature de son monde inferieur, laquelle suyuant son Diuin cómandement ne

faict

faict rien sans cause, & tresiuste raison, & qui soit a l'homme demōstrable. Il fault que là ou Dieu ha voulu poser le lieu auquel naistroit le moyen de pratiquer la Raison en tout le monde, soit, & soubz la tresheureuse constitution du Ciel & que auec Raison se puisse tresclairement demonstrer. Car la Raison qui n'est poinct cogneue de l'homme est autant comme si elle n'estoit pas Raison. Et qu'il soit autant en Droict Dinin comme en Humain necessaire de rédre chascun a son prochain ladicte Raison, cela est resolu. Donc il fault necessairement & auec Raison monstrer le lieu, là ou premierement nasquit le moyen de mettre en vsage & en execution ladicte Raison. En Paradis terrestre posé en l'Orient fut imposé lé Nom a toutes choses, non seulement de celles qui ont forme & matiere ensemble, mais aussi de celles qui ont leur estre intellectuel seulement, comme les Noms des actions & passiós & d'infinis ou a nous iusques icy innumerables termes tant appartenantz a la Nature comme a la grace & choses de vices & vertus. Car a Adā constitué, & miraculeusemét en vn instant, porté de la Terre saincte de Sytie, en la tressaincte do Paradis (ainsi cómo fut Enoch

1000. ans

1000 . ans apres) fut donné temps de nommer
auec difcours toutes chofes defquelles l'intel-
leĉt Agent & redempteur du monde par innumerable multitude de fes Anges luy donnoit
cognoiſſance, tellement que tandis que le vo-
lume de grãdeur incredible ſ'eſcripuoit,& par
les Anges ainſi entre les mains d'Adam ſe diſ-
poſoit(comme la Loy entre celles de Moyſe)
le Ciel luy feiſt obedience côme a Ioſuë,l'ar-
reſtant le Soleil, pour fermer en tout le monde
les influences , iuſques a ce que impoſez par
diſcours humain toutz les noms,le Ciel ou les
eſtoilles, pour le moins, recommencerent leur
cours,quand ayant Adam congneu qu'en tout
le monde il n'y hauoit choſe ſemblable a luy,
Dieu luy enuoya l'ange du Sommeil,affin que
de luy meſme feuſt extraicte ſa partie collate-
rale & ſeneſtre pour luy aider en ſa generation : Pour autant qu'entre toutes choſes par-
ticulieres , il fault venir a vn certain premier
qui ſoit au parauant de toutz,il fault principalement qu'il aye eſté vn premier homme , qui
aye pour l'vſage de Raiſon dóné toutz les vocables,deſquelz ſa poſterité en tout le monde
vſeroit. Car luy eſtant chef & fondement de
la maiſon du móde,il fault qu'au parauãt qu'il
euſt

euſt femme ne enfantz, il euſt deſia en ſa memoire & en ſon mot nommé toutes les choſes,
deſquelles auec raiſon l'vſage entre luy & les
ſiens debuoit eſtre commun . Car ſans cela il
n'euſt ſceu non plus auec ſa femme ou enfantz
vſer de Raiſon, qu'auec les beſtes. Et parce en
impoſãt leſdictz Noms en la lãgue Saincte &
Celeſte, ſelon les notions que l'Intellect Agét
plein des formeles intelligẽces (ainſi cõme l'e-
ſprit d'vn bõ architecte eſt plain d'infinies ſor
tes de maiſõs) luy imprimoit en l'ame, il hauoit
touſiours double deſyr, l'vn de cognoiſtre bié
la proprieté des choſes pour les bié nommer,
l'aultre, qui eſtoit le principal , de chercher, ſi
en tant de ſortes de creatures, Dieu luy hauroit point preparé quelque animal ſocial, auec
lequel il peuſt l'vſage de ſa raiſon par les impo
ſées paroles pratiquer, & auſſi qui euſt en ſoy
ſa ſemence comme les aultres animaulx . Car
en toute la Nature des animaulx, il voyoit hauoir eſté crée vne femele preins ou fournye
de ſa ſeméce, & de luy ſeul, il veoit qu'il n'euſt
ſçeu ſans ayde engendrer ſon ſemblable . Et
c'eſt ceſte conſyderation qui ha cõtrainct l'A-
riſtote de dire qu'il ſault que l'homme aye eſté
premier que ſa ſeméce. Et par conſequent auſſi que

ſi que la femme particuliere. Car combien que
l'organization du corps d'Adam euſt eſté fai-
ête comme vn chef d'oeuure de Dieu & de Na
ture, ſoubz la Maſculine eſpece, & qu'il n'y
euſt encores aulcune particuliere femme, neât-
moins la generale Mere du monde qui eſt l'intellect Materiel ou poſſible, telement y hauoit
ouuré que dedens l'Indiuidu ou particulier
Corps Maſculin, ou pour dire mieulx, a l'enuiron d'icelluy, comme vne ſeconde partie, froi-
de, & plus materiele, ſeuſt cachée, pour le ſtimu
ler a chercher ſondict ſemblable & ayde entre
toutes les creatures materieles du monde. Et
par cela l'indiuidu Feminin, comme la moictie
de l'humaine creature, & ſans le moyen de laquelle la plus parfaicte creature ne peult rien,
eſt en plus grand amour a l'homme, que n'eſt
ne pere ne mere. Par ce il fault que l'vn & l'aultre aye pris ſon origine en l'Inde en l'Orient
ſoubz le plus ſouuerain aſpect du Ciel, con-
ioinct auec le premier vouloir de Dieu, qui eſt
de rédre & icy bas & la ſus l'homme heureux.
J'entédz dire l'vn & l'aultre, L'un l'impoſition
des Nôs pour vſer de la Raiſon par leur moyé,
& l'aultre la premiere perſonne du móde apres
l'homme, & ſans laquelle il eſtoit impoſſible a
l'homme

l'hôme qu'il miſt en vſage tât ſa Raiſon côme
les vocables expreſſifz de ladiéte raiſô. En l'un
eſt la ſemée du Ciel, en l'aultre la ſemence de
la terre. L'un eſt pour engendrer la côformité
du Ciel touſiours vniforme, en terre, l'aultre eſt
pour engédrer & plâter la terre au Ciel. Car ſi
de Maternité l'hôme ne naiſloit Materiel, Corporel, & Animal, il ne ſçauroit eſtre au Ciel
nul indiuidu ou particuliere perſône qui y re-
preſentaſt a l'eternele gloire de Dieu vn Corps
ſpirituel, ſubtil, agile, & impaſſible, ſans laquelle choſe par effect côme par promeſſe demon-
ſtrer, Dieu de ſa volunté premiere ſera defrau-
dé. Car Dieu eternelement ordonna qu'il ſe
ſemaſt en ce monde deux ſemences, l'vne ſupe
rieure, Maſculine, & Authoritatiue, qui ainſi
côme il luy plaiſt, eſcript au cœur ſes Loix, &
ſa volûté nous dône pour raiſon, L'aultre infe
rieure feminine & Raiſonnable, qui eſt extraiéte & baſtie de la ſubſtâce de ladiéte Authorité, la quelle Authorité Diuine donnât a toute
choſes leur Eſſence & leur Nom hauoit dedés
ſoy cachée & vnie ladiéte Raiſon, laquelle il
fault qu'en tout le monde dedens le cœur de
toutes creatures Raiſonnables ſeme tellemét
la ſemence Raiſonnable & Practicable, que
tout

tout le monde foit engendré de Celefte femé-
ce. C'eft pourquoy il eft de neceſſité que les
Noms auec la vertu Maſculine ſuperieure &
d'Authorité ſoyent premieremét creus & receus en tout le môde pour la ſignification des
choſes, auant que la Raiſon en aulcun puiſſe
hauoir lieu. Il fault donc monſtrer que tel
lieu du Terreſtre Paradis ſoit en la plus heu-
reuſe conſtellation du monde.

Cela eft tout reſolu, entre les peuples, qui
ont le plus parfaict vſage des parolles qui ſoit
au môde, c'eſt adire en l'Occidét dedés l'Empire Latin, & principalemét entre les ſouuerains
peuples d'iceluy, là ou toutes les doctrines
& diſciplines & lettres celebres du môde ſont
reſtituées & de parolles en eſcriptz redigées,
cela eft dy-ie tout reſolu, ĝ la baſe & fondemét
de ſouueraine perſuaſion ſe doibt mettre en
ſouueraine authorité de lettres tant diuine côme humaine, & en ſouueraine raiſõ, & en ſouueraine experience. La ſouueraine authorité
diuine nous teſmoigne que la terre en Orient
aux deux premiers aſpectz du monde ſubiecte
eft la première poſition & fixion du ciel, ſans
laquelle fixion du ciel il ſeroit impoſsible ſçauoir ou eſt, ou de qui ſe doibt nommer le premier

mier orient du monde. La Saincte escripture
appliquée a la personne & postcrité d'Abrahã
pour donner l'inferieur fondement de la cognoiſſance & corps du roy des Iuifz eſt la ſou
ueraine authorité de laquelle pend la premiere & diuine verité, laquelle doctrine ſaincte ha
au iourd'huy ſon cours & clou plus fort fiché
en la Gaule qu'en lieu du monde. Car entre les
peuples Chreſtiens ou Tres roy des Iudaiques
ne ſ'en treuue nulz qui ayent plus ſogneu-
ſement gardé tant la diuine authorité comme
le ſens de l'eſcripture & vie Chreſtiéne qu'en
la Gaule. Dóc ſelon la ſaincte reſolution, l'o-
riental poinct de la poſſeſſion autant premiere
comme ſeconde dudict Abraham eſt nonante
degrez au delà du Syriake meridié. Mais parce
que ce n'eſt pas aſſez que tel meridien ſoit, car
ce ſeroit autant qu'il fuſt comme qu'il ne fuſt
pas ſ'il n'eſtoit cogneu, & demóſtré, il eſt ne-
ceſſaire que dedens la Gaule & Portu-Gaule
ledict meridié ſoit poſé & ſtabili, en la Gaule
par raiſon, & en la Portu-Gaule par experien
ce. Les choſes ſont vrayement là ou elles ſont
premieremét cogneues ou demonſtrées, comme vn theſaur eſt de celluy ou ceulx qui premier le cherchent & le ſçauent trouuer, & non
G pas

pas de ceulx en la possession de qui il est caché. Aussi est la verité principalement diuine
plus de qui la sçait entélre & declarer, que de
celluy qui la met en escript. Car l'escripture,
principalemét des Profetes, n'ha point esté en
la disant ou en l'escripuant plus cogneue par
ceulx qui l'ont proseree ou escripte, qu'elle est
exprimée dens les diuins liures ou volumes sa
cres, i'entends ceulx des 72 côme les Canoni-
ques. Car ce ha esté la gloire de Dieu de ainsi
cacher sa parolle, & est la gloire des Roys &
vrayement en la verité restituez de donner a
entendre & interpreter le diuin verbe, là ou est
l'eternel thesaur caché. C'est dóc a nous en la
Gaule a demonstrer par la vraye intelligence
& interpretation du caché verbe de Dieu, là
ou est l'Orient, duquel il est escript, D I E V
au commencement planta en ORIENT vn
Paradis. En cecy est le vray & final vsage de la
parolle & des noms imposez en paradis, ǫ l'on
puisse auec iceulx mô strer par authorité & raison, ou est le vray poinct au regard duǫl cest
Orient est denômé. La Gaule fournie de toute authorité,& de route raison, a cause du tiltre
de la Croix, auec fidelité en elle par la langue
Gallique ie veulx dire Hebraïque, Grecque &
Latine

Latine escript leu & entendu plus qu'aultre part, est celle qui doibt declarer a tout le mōde le sens de la sentence qui dit, *Plantauerat au tem dominus* IEHOVAH *paradisum in Oriente.* Et affin qu'on puisse veoir en tout le monde q̃ telle sentence soit bien interpretée & entédue, la Portu-Gallia par experience ha descouuert & manifesté, que là ou est le poinct Oriental de la terre Syriaque ou Abrahamique, est au iourd'huy tant en richesses comme en esprit agu & vif pour les gouuerner, la regiō des Molukes & pays de l'Asie, qui est a ce meridien lá subiecte. De la richesse les continues trafiques en font foy si grande, que non seulement les marchātz s'en enrichissent en tout l'Occidēt, mais le Roy mesmes y gaigne tant qu'il s'est faict Seigneur de la plus grande part du pays par le moyen d'icelles. Du bon esprit sont foy entre beaucoup d'aultres gentz addonnez aux choses spirituelles. Ceulx de la compagnie de Iesus, qui depuys dix ans peu plus ou moins en ça ont plus conuerty de peuples en l'enuiron des Molukes & en l'inde Oriétale, qu'on n'hauoit faict en tout le monde depuys huict cētz ans en ça. Et en cecy est la souueraine experiēce qui conferme la raison, par laquelle ie don-

G ij   ne a

ne a entendre la diuine Authorité. Cóme dóc ainsi soit, que la diuine Authorité pour loy en la plus grande partie du monde receue soit le premier fondemét de la verité, & aye premie- rement & en plus grande authorité que nulle aultre escripture pose l'Orient, il fault que ce soit l'Orient de la region Abrahamike a cause du Roy des Iuifz son filz Dieu & homme, & nous fault cófermer, que a raison du Chaldai- ke meridien dessoubz leql est extraict le corps d'Abrahá par son Oriétal horoscope, l'Oriét ne peult estre autre que les dix degrez Orien- taulx qui respondent aux dix Meridionaulx qui sót depuys Susiana iusques a Iope. Icy en la Gaule lá ou est destinée la gloire des Roys pour interpreter le diuin Verbe, se donnera l'eternelle Authorité & Raison ensemble. Car combien que ladicte Authorité soit dónée de Dieu depuys Adam iusques icy, neantmoins elle ne peult estre en tel sens tenue pour telle, ne aussy estre receue pour telle, iusqs a ce qu'el- le soit auec raison demóstratiue en tel sens tel- lement interpretée, qu'il n'y aye aulcun qui la puisse nyer. Et n'est pas assez de dire il est es- cript en la loy de Dieu par souueraine autho- rité, que Dieu pláta le Paradis terrestre en O- rient,

rient, par ce que en l'intelligéce mefine du mót
. Mikkedem eſt diuerſe interpretation . Car
les vns veulent entendre Mikkedem dés le có-
mencement, les aultres en Orient, il fault qu'il
ſe treuue vne royale & en tout le monde par
droiĉt approuuée Authorité qui par ſon E-
gliſe, clergé & doĉteurs limite le ſens de ce
mot, & combien qu'il ſe puiſſe entédre que au
commécement & en premier œuure Dieu euſt
ordonné lediĉt Paradis pour y tranſporter
Adam Roy du monde, neantmoins il fault entendre lediĉt lieu là ou au commencement fut
planté lediĉt Paradis , eſtre en ce monde inferieur, & eſtre ſur la terre & eſtre en la region,
qui quant a la poſſeſsion & terre d'Abraham
eſt demonſtratiuement en Oriĉt, là ou la plus
grande & plus appetible felicité de ce monde
eſt conſtituée comme par double experience
Portu-galloiſe ſe voit . i'entends l'experience
de ſouuerain ſruiĉt & diſpoſitió ſpirituelle, &
ſouueraine vtilité temporelle. Lá dedés Dieu
hauoit deliberé de plãter le fons de la premiere police du monde, ne plus ne moins comme
le fons, ſource, fondement, & origine de la ver
bale ſcience y print origine, & ſemblablement
la materielle ou maternelle y ha eſté produi-
G iij &c.

&c . La pmiere religió est procedée par l'ouye
de la parolle ou des motz ou vocables & noms
imposez par Adam dedés ledict Paradis. Semblablemét la police de tout le monde en sons
d'vtilité ha procedé de la laterale pl° materielle feneftre & inferieure partie du mefme Adã.
Car fi Dieu ne luy euft en Paradis& en l'oriét
de fa fubftance, os, & chair edifié vne compa-
gne & ayde femblable a luy, l'homme, qui eft
ANIMAL SOCIAL ou amateur de cópagnie
autant comme il eft Rational , n'euft pas efté
bõ d'eftre feul. La practique & vfage de la raifon pour laquelle cognoiftre & executer Dieu
crea tout le monde au bien de l'homme, ne fe
peult en nulle maniere mettre en executió qu'a-
uec ou moyennant la parolle dicte en Cópagnie . Donc la parolle & la Maternité font la
bafe du móde. car par la parolle & paradifien-
ne impofition des noms la Raifon eft mutuel-
lement exercée, mais par la maternité la cóuer-
fation a l'animal focial eft donnée. Cóme dieu
n'ha iamais faict plus admirable œuure que le
petit monde, aufsi n'ha il iamais faict auec luy
chofe plus admirable que de le faire exprimer
la Raifon qui eft dedens fon entendement par
la parolle & impofition des noms & vocables
de

de toutes chofes . Et par ce, il fault que le lieu
là ou ha efté compofée la premiere impofitió
des noms, foit la fouueraine habitation du mó
de,& là ou plus y ha de familiarité auec les intelligences & formes , qui enfeignerent fi par-
faictement a Adam les proprietez des chofes,
que foit en la premiere langue , foit en aultre,
toutz les hommes du móde l'ont enfuyuy expofant leur conception, fantafie, apprehéfion
ou penfée par la parolle, naturellement de pere en filz transferée par l'oye ou en efcoutant.
Cela fe faict, non pas que l'homme parle naturellement aulcune langue, mais a caufe q Dieu
dedés le Paradis en l'impofition des noms dó-
na telle vertu a Adam , que auec grande facilité vne perfonne appréd la chofe en foy la plus
admirable du móde, & de laquelle fi les bene-
fices Diuins ne nous euffent aueuglez , nous
aurions auffi grande admiration & reuerence,
comme les Indiens Occidentaulx , quand ilz
voyent que par efcripture nous parlons & en-
tendons cóme par la parolle mefme, tellement
qu'ilz adorent l'efcripture comme chofe qui
tiét de l'animal raifonable, a caufe qu'elle peult
manifefter les fecretz d'une penfée abfente, &
nous ne péfafmes iamais a remercier Dieu, de
G iiij   quoy

quoy il nous dóne ceste tresdiuine racine, qui
est vrayement chose de Paradis, pour aussi en
tout le monde planter le souuerain vsage tant
du parler que de la raison, auquel vray vsage
consiste le Paradis.

Sensibles argumentz que le Paradis terrestre soit
en la region des Orientales Indes. Chap. XIII.

COmme ainsi soit que la souueraine verité
qui est celle du Verbe diuin, soit a toute
aultre superieure, il fault que toute inferieure
verité soit consone a ladicte superieure, ou
qu'elle soit faulse & menterie & non pas verité. Or est il trescertain & nullement fauls que
Dieu planta le Paradis terrestre en l'oriét qui
est dict Orient au regard de l'origine & habitatió d'Abraham pere du Roy vniuersel. Il est
aussi tout resolu & nullement faulx, que l'O-
rient de quelque region ou lieu que ce soit, est
distant dudict lieu nonante degrez ou 5400.
mille, ou 2700. lieues Gallikes entédues soubz
les grandz cercles ou au meillieu du monde.
Ainsi mais que rien ne se treuue repugnát, &
beaucoup de choses se treuuét cósonátes a ladicte verité, lá sera trouué le Paradis. Quát est
d'y auoir esté depuis qu'Adam en fut chassé, il
n'est pmis, & n'y est entré persóne sauf Enoch
& Elie

& Elie en corps & ame,& n'y entrera encore
nul iusques a ce que premierement en la Terre sainéte soit restitué le spirituel & vrayémét
royal domeine,ou le Pontificat inferieur, qui
est le regne Iudaique de Iesus Christ,price des
Abrahaimites. Et ne sera pas incontinent l'en-
trée retrouuée iusques a ce que lediét spirituel
royaulme depuys estre en Ierusalé restitué &
confermé, y voyse petit a petit, ainsi comme
Adam en reuint par les susdiétz 90. degrez.
Car il fault restituer la puissance Pontificat &
royaulme iudiciaire en l'occident,qui depend
ou procede du midy & de l'orient, & la puissance Pótificale & Royale au midy qui est de
l'orient engendré, & la puissance Sacerdotale
aux deux aultres souueraine en l'orient qui est
le pere du midy, combien qu'entre tourz les
troys n'y aye rié premier ou dernier que l'aultre,ne rien confondu ou separé, mais eternellement soient toutes les troys lumieres en vn
soleil, qui tout en vn aéte occist & se cache
aux orientaulx orist ou se leue aux occidentaulx,& faiét midy aux moyens. Mais le midy
est fondement de tout.& par ce,la secóde personne Diuine est incarnée,& le Roy gouuerne le iuge & le prebstre. Attendant donc que
nous

nous y entrons, il nous fault côfermer du lieu ou il eſt. Mais la vertu conſiſte au milieu pour le Roy. Que toutz les fruiſtz les plus nobles du monde doibuent eſtre au lieu le plus noble du monde, cela eſt raiſonable. Que toutz les fruiſtz de la terre qui ont la plus grandé vertu qu'on ſçache, comme les meilleures eſpiceries, ſoient ſoubz le meridien des moluckes viron la region iadis diſte Oſir & Tharſis, cela eſt certain. Les Roys de Tharſis qui ſont en l'Inde orientale iadis dominoient iuſques aux Moluckes, dont eſtoient nommez Roys des iſles ſouueraines, ainſi comme ha eſſayé en noſtre temps à y dominer le grand Chan des Totares. Et par cela durant le Vieil teſtamét c'eſtoit le plus celebre & riche royaulme du monde. Ce qui conferme que de tout temps ladiſte region ha eſté tenue en tout le monde, la plus riche, noble, & fameuſe.

Que côbien que les orientaulx n'ayent pas la foy des ſainſtes eſcriptures, neantmoins ilz tiennent qu'il y ha vn lieu en terre ferme qui eſt le Paradis.

Chap. XIIII.

VNe verité eſt d'autant mieulx prouuée cô me le teſmoing y eſt moins affeſté, par-quoy les teſmoingtz des Géuſz quât aux cho-ſes de

ſes de la diuine Authorité ſont plus a côſyde-
rer que les noſtres. Car nous ſommes obligez
a croire, & eulx ilz n'y ſont pas tenuz, & neãtmoins l'aſſerment. Dôc cela ne peult eſtre ſauls
que les voiſins de l'Aſie Oſirique ou orientale
aſſerment conformement a la diuine verité.
Cela eſt vn commun conſentement, que le petit oyſeau qui n'ha point de piedz & par ce iadis fut dict apus, lequel ilz nomment manucodiata, c'eſt a dire l'oyſeau de Dieu vient de la
region du Paradis terreſtre, & quand il eſt allé
hors de ſon air de Paradis en aultre, il chet &
meurt, & pour ceſte cauſe toutz en l'Orient le
tiennent comme pour vne relique & choſe di
uine, & treſcherement eſtimée. De ceſte opinion de diuinité vient, que pour l'eſtime de la
cœue ſeulement (qui aultrement n'eſt plus belle que celle d'une aigrette eſtant le corps comme d'une turturelle, du plumage d'un papa-
gau) vn corps mort ſe vendra iuſques a dix
eſcuz, & pour le fin moins troys, deſquelz i'ap-
portay troys il y ha 17. ans, à feu de bonne memoire Frãçoys roy de Frãce, a cauſe q̃ les plu-
martz des Agas & capitaines Turcz ſont deſdictz oyſeaulx portez des Molukes, ce qui les
faict eſtimer oultre l'orientale opinion, dont
                                                    eſt naye

eſt naye l'eſtime qu'en ont les Turcz , Totares, Perſes & aultres orientaulx , comme ſi ledict oyſeau leur apportoit quelques graces ou
bulles du Paradis , dont comme i'ay dict pour
tout certain les Molukoys tiennent qu'il vié-
ne. Tenant donc qu'en leur voyſiné en la terre ferme de l'Aſie il y ha vn lieu qui eſt & ſe
nomme le Paradis terreſtre , ilz conferment
l'eſcripture qui dit , qu'en l'Oriét d'Abraham,
c'eſt a dire patent & reſpondent tant au meridien de la Chaldée, dont fut prins & engendré
ſon corps, comme a celluy de la Terre ſainête,
là ou ſon Ame fut muée, regenerée, & de l'eſprit de Dieu ornée , Dieu ha planté le Paradis
terreſtre, duquel vient l'oyſeau Manucodiata.

*Que les plus ſouuerains Eſperitz du monde ſont
au poinêt Oriental de la Chaldée, là ou fut planté
le Paradis.* Chap. XV.

COmbien que i'aye des argumentz ſen-
ſuelz & experimentaulx beaucoup , par
leſquelz ie puis móſtrer que le plus vif & aigu
& prompt Eſperit du móde eſt audiêt Orient
(non que ic péſe l'Eſperit & la Mente ou partie ſuperieure dependre du Ciel, ia a Dieu ne
plaiſe, mais que le temperament du corps & de
l'Ame eſt en c'eſt Orient là ſi treſparfaiêt, que
ſans

fans empefchement, & auec facilité, la Mente
auec fon Efperit,font leurs actions en l'Anime & en l'Ame & cófequentement l'Ame dedens le bien difpofé Corps) fi fault il que i'en
mette vn facré, irrefragable,& infoluble. Les
Mages par l'Aftrologie Naturelle auoir autāt
& plus certainement cogneu le Roy des Iuifz
que les Iuifz mefmes, eft chofe toute claire &
refolue.Combié que les troys peuples theolo
giés a fçauoir,les Iuifz,Chreftiés,&Ifmaëlites
en leurs decretz ay ét cefte regle pour vraye,ǵ
la verité,quiconque la profere, vient de Dieu
par le fainct Efprit, neātmoins ilz ne me fçau-
roient nier que quiconque cóprend ladicte verité par moindre lumiere du fainct Efprit, &
l'entend & la confeffe en efguale & plufgrande cognoiffance que ne faict celluy qui en hā
plufgrande lumiere,qu'il n'aye meilleur enten
dement. La fuperieure Lumiere de ce monde
c'eft celle de la fainéte efcripture & des profecies,laquelle ha efté donnée aux Iuifz. La fe-
conde c'eft celle du Ciel & des Mages &
Aftrologues vrays & orientaulx . Car l'efcripture dict,les Mages vindrét,non pas de Chal
dée ou des Indes fimplement,mais de l'Orient
de la terre fainéte.Donc les Mages ayant plus
par

par l'Aftrologie & Afpect des eftoiles cognen
le Roy des Iuifz, que n'ont faict les Iuifz mefmes par plushaulte & plus diuine lumiere, pour
tout certain môftrent que l'entendemét Oriétal eft le plus excellent du monde. Car il co-
gnoift le plus par le moins. C'eft a caufe que
Dieu en leur voyfiné en l'orient planta le Paradis. De cefte preuue Diuine faict tefmoigna
ge le Barbaro gentil homme Venitien parlant
en fa peregrination de Totarie des Catains, di
fant qu'ilz font les plus vifz efpritz du monde
telement qu'ilz difent les occidentaulx auoir
vn ocul mais que le Catain en ha deux qui eft
foubz l'orient Chaldaique, ce qui fe monftre
par les labeurs manuelz principalement d'or-
fauerie & chofes manueles, là ou reluift la viua
cité de l'efprit & abilité du corps. Mais nous
n'auons aulcun argument plus vif pour mon-
ftrer que l'efprit y foit meilleur qu'en lieu du
monde, qu'eft celluy des Mages confacrez en
la Doctrine Euangelike pour la plus grande
excellence que Dieu euft faict en ce bas monde. C'eft pour côfermer ce qu'il eft dict de Iob
le plus clair profete du monde (fauf feulemét
l'autheur de profecie IESVS) qu'il eftoit grâd
entre toutz les Orientaulx, ce qui ne fe peult
entendre

entendre quand aux richeſſes temporeles, mais
quant a la bonté & clarté d'eſprit. Car là ou
toutz les Eſpritz des proſetes fideles & Iudaiques ont parlé ſoubz le Credo, diſant ie croy
& n'entendz pas, tele ou tele choſe combien
que ie la die & ſace croire en ſoy, le ſeul Iob
en cecy vrayement Orientale pierre precieu-
ſe ha eſcript ou faict en ſa Doctrine eſcripre
IE SCAY, & ne croy pas ſeulemét que mon
redempteur eſt viuant, & que ie reſuſciteray &
voiray de ces yeux icy & non d'aultres mon
redempteur au dernier iour &c. Or pour retourner aux Mages Orientaulx, il ne fut & ne
peult a iamais eſtre plus grande dignité ne viuacité d'eſprit que la leur, en ce que non ſeulemét par vne Doctrine ſans comparaiſon inferieure a la Diuine comme eſt l'Aſtrologie,
ont pl⁹ cogneu que ne faiſoit a lors toute l'E-
gliſe Iudaique, mais ceſte cognoiſſance inter-
pretant le ſupernaturel motif ſe monſtre infiniement plus grande que ſimplement naturele. Car quant a auoir cogneu par l'Aſtrologie
que là ou eſt le principal poinct du Midy dót
ilz ont le poinct Oriental, cela auoit eſté & eſt
encores en eſcript dedens les Aſtronomiques
volumes que la Iudée ou terre ſaincte comme
chef

chef du monde eſt ſoubz le Capital ou premier ſigne du Ciel, & par cela le Roy des
Iuiſz debuoit eſtre en tout le môde recogneu.
Mais d'auoir Iugé que l'Eſtoile ſupernaturele
prodigieuſe & plus a referer entre les cometes
ou exhalations qu'entre les eſtoiles, & qui eſtât
comete debuoit ſignifier quelque definiement
plus toſt que quelque commencement, ſeuſt ſignification de la Natiuité du Roy des Iuiſz,
cela ſurpaſſe & auance toute l'humaine conie-
ſture. Et qu'ilz en euſſent vne ſi grande foy
qu'ilz ſe miſſent non pas vn ſeul mais troys
Roys en tele deſpéce, danger & trauail de che
miner par diuers pays & Royaulmes l'eſpace
& téps de ſix moys (car il y ha 2700. ou deux
mille ſept centx lieues Françoyſes de Tarſe-
ſtan en Iudée.) cela a la verité monſtre & vne
conſtáce a entédre la verité, & vne archicôſtá-
ce ſi grande a executer ladiſte verité cogneuë
qu'il n'y ha telle force d'Eſprit en tout le mon
de. Car la vertu giſt en conſtance & viuacité.

Que les Mages qui vindrent a adorer IESVS
eſtoient du meridien des Molukes, ou eſt le Soleil
a la Iudée Oriental.　　　　*Chap. XVI.*

IL y ha quelques ſcripteurs, l'eſquelz i'ay aul-
treſfoys ſuyuy, qui veulent que les Mages
Chriſtomon-

Chriftomonftres feuflent feulement venus de
la Chaldée a treze iourneés de la de Ierufalé,
ne penfant pas que la mort des innocentz qui
fut faicte des l'an que Dieu naquit, feut faicte
deux ans depuis la premiere apparition de l'e-
ftoile, a fin que Herodes euft temps auant la
Natiuité d'en Efcripre aut Senat, pour ordonner la diffimuleé traine & Herodiane inuen-
tion de vouloir d'efcripre tout le monde, pour
foubz cefte couleur cógreger toutz les petitz
enfantz de la tribu de Iudah. Perfónes qui fçauent comment il fault neceffairement que ma-
tieres d'eftat & Principaultelz fe traictent &
gouuernent, pourront bien clairemét cognoiftre, qu'il eft impofsible que troys Roys venus
des fins du monde, pour chercher & adorer le
Roy des roys, qui font les vrays Iuifz, & faire
cefte adoration deffoubz la puiffance d'un tyrant fi tresfriát & ambitieux de l'Empire, qu'il
tuoit fes enfantz mefmes de peur qu'il n'y per-
uinffent luy viuát, il eft difie impofsible q́ Herodes & toute Ierufalé n'en feuft troubleé, &
qu'il n'en euft aduerty le Senat & l'Empereur,
par lequel il luy fut loyfible, ordóné, & pmis,
pour penfer occire ce Roy des Iuifz de la tref-
certaine Natiuité duq́l tát par l'Eglife Iudai-

H que

que comme par lesdictz Mages estoit certifié
de faindre qu'en tout le monde se vouloit faire vne description. Et par ce que l'Eglise Iudaique tenoit certain que c'estoit en Bethlehé
qu'il naistroit, son intention fut seulement de
faire venir toutz ceulx qui estoient de la Tribu de Iudah principalemét par Dauid descen-
dus, affin que les enfantz naiz depuis deux ans
qu'il y auoit, qu'ilz estoiét partis de leurs pays,
toutz feussent mis a mort, si particulierement
les Mages ne luy monstroient qui il estoit, affin que ce regnard l'adorast vrayement en regnard & pere de regnard. Ainsi le long temps
de deux ans monstre qui failloit qu'ilz feussent
de tressloingtain pays en l'Orient, & qu'ilz a-
uoient audict pays d'Orient beaucoup meilleur & plus vif iugemét que les Iuifz mesmes.
C'est pourquoy i'ay noté aux commentaires
de mon Euangile de sainct Iaques (lequel ie
dys mien par auoir esté de l'usage & cano-
niques escriptures de l'Eglise Orientale en
l'Occidentale transporté & traduict, selon l'e-
sprit que Dieu m'ha donné) là ou il est escript:
I.'BDICT fut faict par Cesar Auguste q toutz
ceulx qui seroient en Bethlehem feussent de-
scriptz, i'ay noté disois-ie ainsi sur ce propos.
Mon

Mon Euangeliste ha noté l'intention finale
d'Herodes & du Senat & d'Auguste, là ou
sainct Luc ha noté la publique forme de l'e-
dict. Car l'intétió vraye & finale de l'edict iamais ne fut aultre que pour escripre les Noms
des posteres de Dauid pour y tuer le Roy des
roys, selon que Herodes estant & par les Mages Orientaulx, & par les Iuifz de tel Orient
fondateurs, bien & deuement informé, auoit
rescript au Senat. Car qui est celluy qui pen-
seroit, que soubz Auguste qui en toutes aultres choses ha esté tenu tresiuste Prince, & telement bon & iuste moderateur & maistre du
Senat que ledict Senat luy vouloit comme a
vn Dieu donner en sa vie les Diuins hóneurs,
eust esté permise vne telle impieté cóme l'He-
rodienne enuers les petitz enfantz d'une prouince, qui est celluy dis-ie qui pourroit penser
q̃ Cesar Auguste en eust ris, & non plustost en
eust faict treshorrible & cruelle punition? Cela fut cóclud entre le Senat, Auguste, & Herodes que lesdictz petitz enfantz seló le téps des
Mages enseigné ou seroient toutz mis a mort,
ou entre iceulx seroit noté par l'adoration &
cognoissance des Mages le Roy des roys pour
estre mis a mort. Et par les lettres & ambassa-

H ij   des

des d'Herodes le Senat fut telement aduerty
que les publiques lettres en feirent telle foy
(deſlors que le Roy Adorable & Nomina-
ble dont la Sibylline Acroſtichide dedés Ci-
cero parle eſtant nay en Iudeé debuoit eſtre
Adoré & non Auguſte) a Suetone Tranquil-
le treſdiligent ſcripteur qu'il eſcripuit ainſi en
la vie de Veſpaſian . Alors en tout l'Orient
eſtoit eſpandue & commune, vne certaine &
conſtante renommeé ou bruit, Que de la gent
Iudaique debuoit naiſtre & proceder vn qui
ſeroit Roy de tout le monde . Ce que, ayant
dict ces paroles , ledict aucteur accommode a
Veſpaſian par ce que il ſemble que par la victoire des Iuifz il vint a l'Empire. Herodes a-
uoit donné a cognoiſtre ceſte conſtance de
bruit par la venue des Mages , en telle ſorte
qu'on ſçauoit a Rome que non ſeulement les
Iuifz par leurs Proſeties l'attendoient, mais les
Mages orientaulx en auoient veu l'eſtoile &
eſtoient venus a monſtrer par exemple a Herodes & aux Romains que c'eſtoit choſe Raiſonnable & deuë que lesOccidétaulx,& ceulx
du pays comme Herodes l'adoraſſent , & ce
d'autant plus toſt & plus honorablement com
me l'Oorient eſt plus noble & plus renommé
que

que l'occident ou la Iudeé. Car le Paradis est
en l'Orient de la Iudeé. Ainsi nous voyons
comment la constante & nullement faulse re-
nómée proceda des fins d'Orient, & que deux
ans auant la Natiuité de Dieu sa supernaturele estoile les auoit cheminant a bas au dessus de
leurs testes conduictz tant qu'ilz senssent en
Ierusalem. Et a lors l'Angelique estoile se ca-
cha tádis que Herodes en escripuoit au Senat,
& en attédoit la respôse, ce qui dura dixhuict
moys peu plus ou moins, pendát lequel temps
affin que le meschant tyrant s'ascoustumast a
les laisser aller en Bethlehem sans garde, pour
& affin qu'il n'y eust nul de ceulx de la court
auec eulx le iour qu'ilz l'adoreroient, qui l'en-
seignast a Herodes, & depuis vn iour qu'ilz
estoient seuls l'estoile leur apparut viron my
chemin entre Ierusalem & Bethlehem qui les
conduisit comme il est en l'Euangile tant vieil
cóme nouueau, non qu'il en soit vn nouueau
plus que l'aultre, mais par ce que l'apportant de
l'orientale Eglise aux Latins ie l'ay renouuellé comme seroit vn Thesaur caché de long
téps qui seust nouueau trouué. Il me desplaist
bien q ceulx qui le m'ont faict imprimer n'ont
imprimé ensemble mes declarations & satis-

H iiij   factios

factions fur icelluy, car il me fault dóner Raifon de toutes les chofes Diuines du monde.
Mais faifant fin de parler dudict Euangile &
Proteuangile, ie retourne a prouuer que les
Roys Mages feuffent non feulement d'Orient
mais du Paradifiake Meridien. Hayton Roy
de Cilice ou Curco & depuis religieux de
l'ordre de Premonftré ha efcript que le pays
de Tharfe confine de l'Orient auec le Catay,
d'Occident auec le pays de Turqueftan, de lá
ou fortirent premierement les Turcz du Midy
a la prouince Sin, laquelle ilz nôment au iour-
d'huy les Chines audroit des Moluches & par-
dela le Ganges. Il y ha vn defert du cofté du
Septentrion. Et dict d'auantage que les fucceffeurs en dix races ou tribus defdictz Troys
roys font iufques auiourd'huy audict pays
toutes Chreftiennes & par haynes des Turcz
appellées Iogour, que les Portugaloys appellent Iougris a caufe que les habitantz dudict
pays & principalement les Idolatres du pays
font trefgrandz enchanteurs & deuineurs. Et
qu'ilz feuffent de ce temps lá 1253. du falut, en
trefgrande puiffance, il eft monftré par vne
Royne Chreftienne nommée Dourofcaron,
laquelle eftoit de leur fang, & auoit efpoufé
Alau

Alau Roy de la Totarie, prince, par le Roy
d'Armenie faict Chrestien, qui ayda aux Chre
stiens en Orient, & desfeist le Chalife de Bag-
det, & enuoya ambassades au Roy de France
pour recouurer la Terre saincte. Cecy est con
fermé, c'est a sçauoir, que les troys Roys feuffent des limites orientaulx par la position du
pays & de la gent, qui encores se voit. Mais
d'auantage Habdias Euesque de Babylone vn
des 72. disciples de Dieu incarné le conferme
au liure de la vie des Apostres, là ou il dict
pour certain que Thomas ayant presché en
l'Indie baptiza les troys Roys qui estoient au
pres de l'Indie. Mais il n'est en ce rien plus cer
tain que le sens & la Cosmografie. C'est delà
le fleuue Ganges.

De la prouince de Belgian & des choses merueil-
leufes qui y font aduenues a caufe de la felicité de
l'Oriental meridian. Chap. XVII.

Ombien que la prouince & montaignes
de Belgian foit Septentrionale & consti-
tuée au nort du Catay, comme bien l'ha noté
Hayton roy de Corcho, toutesfoys a cause q
la region est foubz le Molukaire meridien, elle ha eu la fouueraine felicité qui aye en tout
le mode temporellement depuys la redéption
H iiij est.

esté. Il est pour tout certain que les dix Tribus
d'Israël quand elles furent deffaictes de leur
ambitieux empire Samaritain, elles furent cô-
duictes par Salmanasar roy des Assyriens aux
confins orientaulx des fins de Medie, de là ou
ilz de leur voluté allerent si loing, affin qu'on
ne sçeust point leur impropere que par an &
demy ne cesserent de cheminer iusques en la
region Arsareth, là ou ont esté de tout temps
notez estre les Iuifz clos ou resserrez de montaignes. C'est le mesme pays de Belgian, là ou
ilz ont esté renclos tant qu'ilz ont du tout oublié la saincte Religion, loy, & origine, de laquelle iadis plus s'estoiét glorifiez qu'ilz n'en
auoient de verité ou d'vsaige. Et allant par si
longs chemins comme il est escript au quart li
ure d'Ezra, les vns passerent delá les montz, les
aultres demoureré deça, & parce qu'ilz estoiét
abandonnez de Dieu, se nommerent Turkim,
& le pays de deça les montz Turkestan, c'est a
dire abandonnez, & pays des abandonnez. Et
de cecy vient, qu'il n'y ha gent soubz le ciel
qui aye en hayne son nom sans sçauoir la raison sauf les Turcz, qui sont les successeurs &
enfantz des Tribus d'Israël mauldictes & abá-
dónées de Dieu par douze ou treize cétz ans.
Car

Car enuiron six centz ans auant que Dieu fuft
faict homme corporel, ilz furent abādonnez,
& viron 700. ans apres quād Muhammed If-
maëlite & profete premierement fuyuy de cét
mille Samaritains, fut caufe q̃ les Perfiens r’appellerent a leur ayde lefdictes Tribus lors appellées Turcz & Turcomans, cótre les forces
des Arabes & Ifmaëlites foubzleuez par la baftarde doctrine de l’Alcoran . Lors fa langue
eftoit encores commune aufdictz Turcz, &
aux Totares qui ne font aultre que le demourāt & refte defdictz Ifraëlites, qui depuys par
les roys de Tarfe & d’aultres pays voyfins a-
uoient efté refferrez en leurs montaignes, tellemét qu’ilz n’en pouuoient fortir . Et le nom
de Totar, ou comme ilz mefmes difent, Ta-
tar,ou comme nous difons par deça Tartar,ne
veult dire aultre que la refte ou demourāt defdictz Iuifz abandonnez, qui prindrent ces
noms tandis qu’ilz encores vfoient de la Syriake langue, lá ou Turc fignifie abandonné,
& Totar fignifie le refte, & la langue monftre
que iadis eftoient tout vn peuple . La Cofmo-
grafie monftre ladicte diftance du pays de Bel
gian & de Turkeftan.Or eft il trefcertain que
Dieu pour mōftrer que cōbié que trefcruelle-
ment

ment souuét punisse les siens, les deffaisant du
tout en eulx, tellement qu'ilz ne sçauent plus
qui ilz furent, ne d'ou ilz vindrent, affin que
plus ne se puissent enorguillir pour les dós de
Dieu, neantmoins iamais ne les abandonne du
tout, & principalement vn tel peuple comme
les dix Tribus d'Israël desquelles il approuua
tellement la defeCtion & schisme, que quand
les Catholiques voulurent aller contre eulx, il
dist que c'estoit luy qui auoit faict cela, & qui
pour punir l'une & l'aultre partie approuuoit
la defeCtion & rebellion contre l'Eglise Catholique pour monstrer la figure de l'estat de
nostre Eglise Catholique & des Orientales.
Quand donc les Totares eurent du tout oublié la religion, origine & loyx dót ilz estoiét
iadis sortis, Dieu qui ne laisse iamais les siens
les voulut par le plus singulier miracle du móde secourir & se donner par son ange a con-
gnoistre alors qu'ilz ne le cherchoient plus.
Lors quand toutz reduiCtz a la premiere vacation & vie Pastorelle, ne se soulcioiét plus des
hóneurs & cótentions du monde, leur voulut
móstrer par effeCt le miracle que Moyse pdist
au Senat des 72. ses auditeurs exposát ce passa-
ge, lá ou il est escript. Iusques a tát que tó peuple

ple paſſe Seigneur, iuſques a tãt q̃ tõ peuple leql tu has poſſedé paſſe. Leſdictz auditeurs de-
mandét pourquoy eſt-ce qu'il eſt eſcript deux
foys, Iuſques a tãt q̃ tõ peuple paſſe? Le Saiçt
eſprit par Moyſe reſpõd, car Dieu le createur
ouurira la Mer aux enfans d'Iſraël venantz
d'Orient cõme il ha maintenãt ouuert la Mer
rouge pour ſortir d'Egypte. Par laqlle reſpõ-
ſe quand Iuda retourna de Babylone, ilz pen-
ſoient q̃ le Iourdain ſe debuoit ouurir a cauſe
qu'ilz venoient d'Oriét en Occident. Mais ledict miracle ha eſté faict aux Totares Iſraëlites
quãd pour punir l'orgueil Turqueske, & pour
les faire Chreſtiés il y ha 300. ans qu'il leur feit
miraculeuſemét ouurir la Septentrionale mer,
pour les tirer des lieux ou ilz eſtoient enſer-
rez dedens ladicte prouince & montagne de
Belgian, ce que recite le veridike & tresvray
hiſtorien Hayton au chapitre 17. Car ayant
vaincu & ſubiugué tout le pays Kingis Chan
miraculeuſemét eſleu premier Empereur deſdictz Totares, diuinement fut par l'Ange qui
de mareſchal l'hauoit faict eſlire Roy, admõ-
neſté de paſſer vers l'Occident. Et pour autãt
qu'il eſtoit impoſsible paſſer, il luy commãda
qu'il veint au pres de la mer au pied Septentrional,

trional, & là auec son armée se meist par neuf
oraisons a prier Dieu (dont toutes choses se
font par nombre nouenaire entre eulx) ce que
ayāt faict toute la nuyct, au matin la mer estoit
retirée par neuf piedz de la montagne, tellement qu'ilz eurent lieu de passer vers l'Occident, là ou ilz entrerent en vn desert comme
auprès de la mer rouge. Ainsi fut accomply le
secód & tresmiraculeux pas des Israëlites qui
sont au iourd'huy pour la pluspart Chrestiens
prés du Catay, & aultre part exercent la tres-
simple vie de l'eage d'orée & des peres Abra-
hamites leurs ancestres, là ou il y ha vn singulier exemple. Car toutz sont quasi ou pour la
pluspart Nomades, c'est adire pasteurs, qui
toutz en commun quant au terrain, viuent, &
ne sement sinon là ou cómande le prince sans
proprieté, & dominent l'Orient. Ainsi donc
comme les Mages qui sont les enfantz de Sem
& d'Abraham, miraculeusement par leur Ma-
gike & orientale sciéce ont entre les Iuisz ex-
cité la cognoissance de leur Roy, a cause de la
Moluchike ou Paradisienne influéce, ainsi entre les dix Trib⁹ ayātes oublié leurs ancestres,
par la diuine vertu conferée a l'influence O-
rientale ha esté accomply sans liure sacré, ne
memoire

memoire d'ãtiquité, le miracle aux septãtedeux
Senateurs ouSynedres moderateurs des Iuifz,
par Mofch leur precepteur predit, ainfi comme
en innumerables lieulx des fecretes & myfti-
ques interpretations fe voit auoir efté promis.
En cecy Dieu fe monftre d'infinie puiffance
que fans le fceu des peuples du monde, il les
reftitue, là ou il les auoit au commencement
preordonnez & inftituez . Ainfi la loy femi-
uraye & Demifaulfe des Ifmaëlites domine &
commande audictes tribus Ifraëlites petit a pe
tit les ramenant par la generation ou Regene-
ration baftarde en Ifmaël , affin que ceulx qui
n'ont efté encores faictz Ifaakites, c'eft a dire
Chreftiés, petit a petit y puiffent paruenir, côme petit a petit font de la voye de verité par-
tiz. Car les Muhamediques font fans compa-
raifon plus pres de la verité de lefcripture fain
cte que ne font les Payens. Car ilz conceffent
que IESVS eft CHRIST en la loy promis.
Ainfi Dieu petit a petit Reftitue le monde, côme dedés le Gallike peuple ha peu a peu replã-
te la fouueraine Authorité Sapience Droict
& Religion, comme fi Gomer euft par fon pere Iapet toufiours vfé de fon Droict, combien
que ie foye le premier qui a la Reftitution aye
regardé

regardé . C'eſt pourquoy Dieu ha donné a la
Gaule ayant perdu la memoire de ſes maieurs,
d'eſtre la ſouueraine protection de l'Egliſe Ca
tholike, de recouurer la Terre ſaincte, de Iuger entre le Pape & le Concile qui eſt ſuperieur, De faire croire aux deciſions & interpre
tations de l'eſcripture dedens la Gloſſe ordinaire, & dedens les Decretz des peres, & dedés
le Maiſtre des ſentences, combien qu'encores
a beaucoup pres nul des troys ceuures ne ſoit
ainſi qu'il fault accomply . Neantmoins tant
ha eu de force la predeſtination & ordónan-
ce de Dieu entre les mains de Noëh , pour ſes
enfantz Iapetites ayſnéz en Droict temporel
de tout le monde que le Spirituel meſmes qui
appartient plus aux Semites ou Melchiſede-
kiens qu'aulx Iapetites, ſuſt par eulx conſeruè.
Car comme aultrement nous a grand peine
voyós pouoir eſtre receues les Diuines Loyx,
toute l'Europe autant que la langue Latine
ſ'eſtend ha receu les deciſions faictes par la
Gallique faculté encores que ſe ſoient choſes
pures humaines quant au moyen de la decla-
ration ou intelligence. Et en ce faict, ne ceulx
qui ont ordonné leſdictz liures, ne ceulx qui
les ont receus n'y ont penſé. mais ſeulement la
                                        prouidence

prouidence ha ainſi guidé & conduit les choſes ſelon la preordination en l'occident entre
les enſantz de Noëh comme en l'Orient entre les dix tribus & enſantz d'Abrabham. Ainſi fault neceſſairement qu'il ſoit deſdictes dix
tribus, combien que nous n'en ſceuſsions pas
l'hiſtoire . Mais pourautant que Dieu ha faict
& faict toutes choſes atfin qu'elles ſoient ma-
nifeſtées a l'hôme pour le recognoiſtre & glo
rifier, il m'ha donné auec Raiſon humaine de
manifeſter ces myſteres a tout le monde & a
ceulx la meſmes chez leſquelz ilz ſont faictz
incogneus, a celle fin que comme l'Intelligence ou Mente, Eſprit, Ange ou Coronne qui
me gouuerne, debuoit au premier poſſeſſoire
du monde, par l'homme en ce monde premier
nay mettre telle ordre au monde, que iamais
n'y entraſt confuſion, ainſi ladicte intelligence qui ſçait toutes les choſes generales de ce
monde reſtituall toutes choſes audict monde.
C'eſt pourquoy il eſt eſcript dudict Eſprit &
Mente ou Vertu, Elie quand il viendra reſti-
tuera toutes choſes.

Des familiers Eſpritz de l'Orient.
Chap. XVIII.

Combien

COmbié que ie peuſſe aſſez prouuer par la miraculeuſe eſtoille veuë en Orient, & qui par arbitre ne ſe móſtroit ſauf qu'aulx Mages venant en Ieruſalem,& non pas touſiours, mais par interualles apparoiſſoit, que c'eſtoit Angelique apparence en forme d'eſtoille, ou pour le moins lumiere ſupnaturelemét cógregée par bons & naturelz eſpritz ou intelligence,neantmoins i'ay des hiſtoires dauantage. Il eſt vray que la ſentence de mon Proteuangile parlant de ladiĉte eſtoile, monſtre mon dire beaucoup plus clair qu'il n'eſt en l'Euangile S.Luc.Car le filz de Ioſef S. Iacques autheur d'icelluy, & qui fut preſent a la Natiuité du Saulueur du monde,eſcript que les Mages diſoient eſtre tele la ſplendeur de ladiĉte eſtoille qu'en pleine nuiĉt & non pas de iour, car ce euſt eſté le Soleil, par ſa clairté elle rendoit toutes les aultres obſcures, ce qui monſtre que telle apparition eſtoit comme i'ay diĉt, arbitraire, & ſeulement vouloit eſmouuoir a croire ceulx qu'elle conduiſoit,& par ce apparoiſſoit ſeulement a eulx, iuſques a ce que ayant entré en la cauerne ou naſquit Dieu le Roy des roys, depuis ſ'arreſta ſur le lieu, là ou eſtoit l'enfant. Mais de tout temps les profeſ-
ſeurs

feurs de Sapience ont eu familiarité des fubftances feparées, comme l'on peult veoir & du
temps paffé, & de ce qui eft efcript par ceulx
qui ont efcript la vie d'Apollo Tyanien, duquel la vie n'eft pas par S. Hierome reprou-
uée. Car feuft par bonnes intelligences & par
Sainéteté de vie auec foy attirées, feuft par
maoluaifes & aulx mefchantz pour la confor-
mité de vie & infidelité obediens, cela eft tout
certain que par fubftances feparées les Gymnofofiftes faifoiét oeuures fupernaturelz. Que
les Gymnofofiftes feuffent en la plus orientale Inde delá le Ganges ou Fifon, celá eft certain. Qu'au iourd'huy il foit cómun tant entre les peuples de Tarfe comme entre les A-
brabhmanes ou Brahmins de fe trouuer & enchanteurs & Deuins, celá eft commun. Mais
que les actions de l'vn & de l'aultre fe facent
par vertus feparées il eft tout clair. Donc il
fault qu'il y aye quelque grande facilité & familiarité de conuerfer auec les fufdiétes intelligences, ce qui eft de la Doétrine des enfantz
d'Orient. Filippe Archinte vicaire Romain
du Pape Paule moy eftát a Rome, me feift foy
d'auoir ouy vn viceroy du Roy de Portugal
aux Indes, qui difoit auoir veu vn preftre In-

dien appellé Brahmin qui estat persecuté d'un
sien voisin qui auoit vn ange bon ou maul.
uais plus grand ou fort que le sien, vint a luy
demandant ayde de Iustice, a laquelle ne bon
ne mauluais ange cōmunemét iamais n'obsiste,
auquel il demanda que c'est qu'il sçauoit faire.
de son art, ordre, ou mestier que ce soit, il luy
dist qu'il luy representeroit ce qu'il vouldroit.
Lors ledict viceroy luy dist qu'il luy feist venir des raisins, ce que dist incontinent le Brahmin, retourne, & leuant les mains au Ciel les
apporto pleine de raisins qui de toute qualité,
sauf que du goust dont il auoit horreur re-
presentoient vrays & naturelz raisins. Cela est
chose commune que les pescheries des Perles
ne se pourroient faire ne garder a leurs princes, si n'estoit que tandis que les vrinateurs ou
pescheurs allantz soubz l'eau par enchante-
mentz les treshorribles Folpes, Balenes, & aultres, monstres marins pour lors par les Iogris
(cōme les Portugaloys les appellét) ou Brahmins deuineurs ou enchanteurs lesdictz monstres feussent lyez. Oultre il n'y ha quasi naui-
re en l'Inde qui ne maine son Iogris ou deui-
neur, pour deuiner & dire là ou sont faictes les
Marines Iactures. Que si lon me dit que ce
peult

peult estre la peruersité & infidelité des habitantz qui retient & inuite la familiarité desdictes intelligences, ie suys asseuré qu'il y ha infiniement plus d'infidelité entre les faulx Chre
stiés qu'il n'y ha en tout le mõde, & plus de desir d'inuoquer les espritz s'ilz pouuoient. Cela est donc l'ancienne doctrine auec la Naturele inclination du Pays Oriental.

Que les deux les plus admirables plantes du mon-
de se treuuent soubz le mesine Paradisiake Meridien.
Chapitre XIX.

LE. Pigafetta homme de souueraine foy &
diligence, qui alla auec Magaglianes premier circundateur du monde, & luy aux Me-
lukes occis, retourna en Espagne, & mist par
escript ledict voyage auec les choses rares en
icelluy veues, entre lesquelles en y ha vne qui
surmõtetoute aultre de rarité. Il met dõc ainsi, qu'estât inuité par vn des roys du pais, eulx
estantz viron l'Isle de Timor (laquelle le pere Frãçoys Xabier comme aultres Portu-galloys appellent corruptemét del Moro) il leur
fut preféré du porc, viãde en ce paislá Royale,
& entre aultres choses y hauoit dedés les platz
certaines fueilles d'Arbres qui se remouuoiét.
De ce que esmerueillé ledict Pigafetta ainsi

I ij   comme

côme d'une chofe la plus rare du môde, il prît
vne ou plufieurs defdictes fueilles & les ferra
en vn plat ou boifte, & veit que iufques au
tiers ou quart iour continuelement lefdictes
feuilles cheminoient dedens ledict plat ou fur
vne table ne plus ne moins qu'vn animal fenfible, iufques a ce que la vegetation f'en per-
dift defaillât l'humeur. Dont il ne fault doubter que l'intelligêce de l'Anime ou vertu fen-
fitiue & motiue ne foit audict pais fi forte que
elle defcêt & fe cômunique aulcunement iufques a la vie vegetable. Car il eft certain qu'il
n'y ha creature materiele au monde qui ne
foit adminiftrée & gouuernée par quelque intelligence ou vertu angelique, laquelle eft plus
forte lá, quelle n'eft en tout le refte du monde,
pource que Dieu y ordonna fon Paradis terreftre. Mais que dirons nous du Boranetz plante, animal, & poiffon? Combien que ceftuy arbre ou plante ou animal que ce foit, n'eft pas
foubz le meridien des Molukes, mais entre cô-
ftuy lá & le Chaldéen enuiron la mer Hirca-
nike ainfi comme en ha efcript Sigifmond li-
bre en la defcriptiô des pays Septétrionaulx.
Pour rendre plus credible les feuilles chemi-
nantes, il fault confyderer ce qui fe dict de cefte

ste aultre creature . Il escript donc par le ra-
port de Dimitri Daniel homme de grande &
foy & grauité, qui disoit tandis que son pere
estant ambassadeur du roy de Moscouie vers
le prince des Totares ou Tartares Zauolghes,
il luy fut monstré vne semence comme celle
du Melon, vn peu plus grosse & ronde, de laquelle semée en terre naist vne plante qui viét
ne plus ne moins qu'un Aigneau ayant teste,
yeulx, piedz, peau, laine & toute la façon d'un
Aigneau, & parce s'appelle Boranetz. Et n'est
que par la seule racine qui luy est plantée au
corps par le nombril comme nous venons du
ventre de la mere. Et ainsi prent son nourris-
sement tout a l'enuiron iusques a ce que toute
sa racine aye succé & tiré l'humeur de toute
l'herbe voysine, ce que faict, la plante meurt
qui premieremét ne la coeult. Hauoir la chair
comme vn poisson ou plustost comme vne es-
creuisse, le sang côme vn animal, & la vie vegetable côme vne plante. Oultre estre en vsage quant a la peau, tellement q̃ les Totares cô
munemét en fourrent leurs bônetz, lesquelles
peaulx beaucoup de gentz dignes de foy tes-
moingnerent hauoir veues. C'est le narré . Il
fault donc qu'en ce toutes les troys intelligen

I iij ces,

ces, c'eſt a ſçauoir la vegetatiue, la vitale, & a-
nimale conuiennét en vn a la compoſition de
ceſt animal, duquel la chair ſe dict eſtre do
tresbon gouſt. Et qui ha conſyderé l'eſponge
ou l'ortie marine, ne trouuera pas de difficulté
en cecy. Cecy eſt pour monſtrer comment le
createur ha infinie puiſſance, qui a nous n'eſt
nullement cogneue. C'eſt luy qui faict en mode d'arbre croiſtre iuſques aux metaulx, côme
Georges Agricola note en ſon liure des Metaulx d'une vigne & petitz bris d'or vegetable.
Ce que i'en eſcry ce n'eſt que pour monſtrer
ÿ Dieu eſt toutes choſes en toutes choſes, faiſant tout par miracle. Car pour certain i'ay autát d'admiratiô du plus petit animal, fruict, herbe, ou grain de bled, comme i'ay de l'arbre dôt
les feuilles cheminent. Mais Dieu pour ſe faire
cognoiſtre a l'homme ſeigneur de ce monde,
luy renouuelle continuelement le miracle de
la creatiô, & principalemét entre les plus haul-
tains des Totares ou reſtes des dix Tribus.

Que voyant le milieu de l'Afrike & l'Ameri-
ke auec le monde nouueau conſtituées en meſme rai-
ſon du Ciel comme l'Indie Orientale ne porter nulx
des fruictx de ladicte partie Orientale de l'Aſie, eſt
vn treſgrand & conſyderable miracle. Chap. XX.
Ceſte

CEste influence Orientale plus que toutes
les aultres de tout le monde ensemble
nous confirme en la vraye demonstration tant
des Anges gubernateurs des prouinces du mõde, comme de la differente influence, qui du
mesme Ciel par le mesme Soleil, Lune, & aultres estoilles se faict. Car combien que le meridié de la Terre Saincte soubz lequel ha voulu naistre le Roy des Iuifz & de toutz les roys
du mõde, nous doibue estre de la premiere con
syderation du monde, a cause que le Roy des
Iuifz a iamais par ses ministres gouuernera
tout le monde, neantmoins pour autant qu'il
ha pris son horoscope sur le Meridien du Paradis Terrestre, il ha voulu qu'il y eust plus de
force soubz son Horoscope que en son Meridien ou sus luy qui n'en hauoit que faire. Il est
vray qu'il n'y ha lieu en tout le monde pour
vn Regne téporel mieulx disposé que sa proprieté qui est la Syrie Saincte. Car suyuant le
mouuemét du soleil seulemét, par la lon peult
sans passer la mer aller depuis le Nord iusques
a la ligne equinoctiale, en ce que, le plus grand
heur & contentement du mõde inferieur se re-
treuue. Mais quant a l'abundance & vsage souuerain des fruictz & choses les plus exquises

I iiij   du

du monde elles font foubz le meridional Indien qui eft l'Horofcope de la Syrie. Et Iefus
ha voulu laiffer audict lieu d'Orient plus grande & viue vertu du Ciel & des Anges, comme
nous voyons par le certain fçauoir des Mages qui font venuz d'vn bout du monde à A-
dorer & recognoiftre le Roy des Iuifz, eftant
encores au berceau, là ou lefdictz Iuifz, quand
il eftoit par fa Vie, par fa Doctrine, & Miracles trefcogneu & homme parfaict de 33. ans,
ilz l'ont crucifié, tant s'en fault qu'ilz l'ayent
cogneu ou receu ou adoré. Ainfi ilz font figu
re de nóz prelatz, quant a la doctrine de mon-
dict pere laqlle il m'ha cómandé q̃ i'annóce, tãt
icy cóme en mes aultres efcriptz. Il y ha vne
aultre raifõ par laqlle il ha voulu que l'influẽce Orientale feuft la fouueraine. Car combien
que localement il ha faict fon propre de la Iudée, comme filz d'Abraham, ce neantmoins
par ce que l'ordre Pótifical & Eternel de Melchifedek eftoit celuy d'Adam, duquel ledict
Adam mon mauluais pere hauoit dedens le Pa
radis en Orient laiffé l'Influence vacante, par
faulte de poffeffeur legitime, il failloit que le
premier ordre du monde defpendift de la premiere influence du monde. Par ainfi mon bon
Pere

Pere ne prift que la Royale chair d'Abraham,
laiffant l'inferieur Pontificat de Leui a fon ge
neral miniftre S. Pierre, iufques a ce que l'intelligence qui en moy parle, reftituaft toutes
chofes auec l'efprit qui attaint toutes chofes, voire iufques au profond de Dieu. Il y ha
trois premieres influences au mõde, l'Orient,
le Midy, l'Occident, l'Orient pour le Pontificat Eternel, deuolu d'Adam a Melchifedek &
au Pape Eternel, le midy, qui eft noftre Oriét,
pour le Royaulme Eternel tire du cofté du
fpirituel deuolu d'Eue en Iapet, & fur la chair,
& fang du Roy des roys, & l'Occident pour
le magiftrat Iudiciaire & miniftre du Pontife
& Roy Eternel, qui eft le Iuge vniuerfel inferieur, qui eft deuolu de Cain en la Republique Iudaique, & de là le Pere ha dóné tout iugement a fon filz qui d'Adam & de Noëh eft
executeur foubz le Droiét d'Adam & d'Eua.
C'eft pourquoy toutes les chofes Orientales
font d'infinie excellence au pris des aultres.
C'eft pourquoy l'Ange ou gardien de l'Horofcope Syriake ha retenu tellemét toute la felicité humaine ƒ l'Afrike & l'Amerike foubz
le mefme Ciel conftituée comme l'Inde Orien
tale n'en ha rien tel receu mais où feule fteri-
lité,

lité ou aultre diuersité, ce qui nous môstre par
effect, que l'Ange d'un pays est plus fort qu'un
aultre, en deux sortes, ou absolutement & im-
muablement, comme ce gardien de Paradis &
de son voisiné, ou muablemét & par accident,
quand vn peuple duquel l'Ange estoit le plus
fort laisse Dieu, & vit contre sa loy. Alors
l'Ange d'une aultre prouince par la dispensa-
tion de l'ntellect Agét est faict plus fort a resi-
ster cóme il se voit en Daniel du Persien & du
Iudaike. Mais iamais ce qui est de nature ne se
change lá ou souuent ce qui est de grace & de
beneficе ou priuilege se mue. Ainsi toutes les
prouinces du monde ont leurs intelligences &
propres influences, mais il n'y en ha nulle naturelle qui soit a comparer a la Paradisiake cóbien que du Paradis ne se veist iamais rien oul
tre la Nature du voisiné.

*Comment le meridien de l'Orient est l'Horoscope
de la Syrie ou Indée, Celluy de la Syrie de la fin de
l'Europe, & celluy cy nostre l'orient des Terres
neuues occidentales, & celluy des Terres neuues est
l'Horoscope des Molucques, & la tresadmirable raison pour quoy.* Chap. XXI.

Qu'il

QVʼil y ayt touſiours quatre poinctz vni-
uerſalement dominantz & inſeparables
en tout le móde, cʼeſt a ſçauoir le midy, lʼorient & lʼoccidét, & lʼoppoſition du midy qui eſt le poinct de la minuyct, cela eſt tout
certain. Eſtant par le paſſé aſſez monſtré, que le
premier & plus noble meridien cʼeſt celluy du
Roy des roys depuys le lieu du corps ou natiuité dʼAbraham iuſques au lieu de ſa vocation
eſtendu, il fault auſſi cóclure que lʼOrient dudict meridié & ſon occidét auſſi ſoiét les plus
nobles du monde. Et de rechef eſtant la Celti-
ke prouince en ſon extremité occidentale par
ſon meridien le commencement du nouueau
monde & de Temiſtitã, il fault que le nouueau
monde par ſon meridien ſoit lʼhoroſcope des
Molukes. Cʼeſt pourquoy iadis Pluton fut col
loqué ſoubz la terre, a cauſe que le Peru & region abódante de lʼor eſt en la minuyct a cauſe du midy inſtitué par le Ciel pour le corps
dʼAbraham, ou pour dire plus generalement
ſoubz le meridien de lʼArmenie, là ou il pleut
au Saulueur du monde donner recommence-
mét a lʼhumaine generation. Et pour ceſte cauſe Iapet a qui depuys le mont Taurus fut donnée toute lʼoccidentale partie du monde, voulut

lut faire la fin & denomination de son posses-
soire Plutonike liberé du deluge & liberateur
des difficultez humaines, dedens la Terre neuue, qu'il nomma Atlantis de son nom Hatal.
ou Athlas. Car comme a son frere Sem fut dónée l'Asie depuys la Syrie iusques a ladicte p-
uince nommée Athlantis ou le Peru & Penin-
sule dorée, ou pour le moins iusques a The-
miftitan (car toute l'Amerike eft auec son Peru en la part de Iapet) Aussi luy fut dóné tout
l'Hemisere occidental ou inferieur, duquel le
meridien eft en la Gaule & Portu-Gaule, cóme celluy de Sem eft au droict des Molukes,
lá ou a cefte cause mon bon, & impeccable pe
re l'intellect Agent porta & colloqua mó pec
cable pere Adam comme en son siege souue-
Arain.Cela eft digne de cósiderer, que Iapet ha
eu toute sa grande mer en l'occident pour aller au Peru en son Athlantike partie, & Sem
eut toute sa grande mer en l'orient pour aller
en son limite de Temiftitan.Mais comme iufques au iourd'huy Sem n'ha point patétement
iqy au sçeu du monde de son siege, & n'en eft
aulcun veftige cosmografike obferué, sauf que
par l'orient Iudaique ou Syriake par les Mages dé Tarse, aussi Iapet de son droict comme
a cause que la Divine creere m'ha doné la tel
uerraine lumiere de raison posse souls la divine
ithoute qui est la comunion de Iesus Alon aglest,

tel n'ha encores patentement ou iuridiquemét
vfé. Car combien que le Romain Empire foit
planté dedés le droiét dudiét Iapet,neátmoins
il eft nay de la tyrannie & violence Babylo-
nike,commencée en Babylone, & par les Af-
fyriens & Medes deduiéte entre les Greez, &
de lá entre les Romains & occidétaulx, lá ou
fauf le droiét par S.Pierre entre les peuples aif-
nez du monde (comme il debuoit toufiours
eftre) reftitué, il n'y ha eu iufqs au iourd'huy
que tyrannie. L'oriental regne eft le fpirituel
& clair, l'occidental eft le temporel Plutonike
& obfcur, ceftuy cy comme le corps & l'oriétal comme l'ame. Mais il faule que pour fufci-
ter l'vn & l'aultre, de la puiffance ou habitude
de la matiere foit fufcitée & extraiéte la forme.
C'eft pourquoy nous hauons toutes les lettres
dedens lefquelles le tiltre du Roy des Iuifz fut
efcript, & ont leur principal & premier cours
en la Gaule, affin que dedens le Regne tref-
chreftien foit des difciplines & hiftoires côte-
nues aufdiétes lettres extraiét le droiét tant de
l'vn comme de l'aultre Royaulme. C'eft pour
quoy il n'y ha que deux veues fouueraines au
monde.Car le Soleil leuant a nous qui fommes
en l'occident, il fe cache & occift en l'orient.

Pa-

Paradifiake, & quand il fe couche a nous, il fe
leue audiɛt Orient, duquel nous hauons le but
& fin de l'Horofcope, & Temiftitan peu plus
ou moins faiɛt le midy entre nous deux, comme la Sufiane region iadis myftericufement
nommée de Sufan en la langue Sainɛte (cóme
en Efter fe peut veoir) eft le fondement de la
Syrie orientale. Car ne plus ne moins comme
nous voyons en la vie humaine combien que
(fi elle eft accomplie en fon cours) elle ha fes
quatre eages, l'enfance, la ieuneffe, la virilité ou eage forte, & la vieilleffe, aufquelles eages ce nonobftant qu'elles foient en tourz, neantmoins il eft impoſsible a l'homme de donner certain limite, mais voifin ou approchant
feulement fe peult donner, ainfi dedens la reuolution du Soleil & des eftoilles combien
qu'il foit certain qu'il y ha quatre termes ou li
mites du iour & reuolution naturelle, neantmoins la prouidence n'ha point iufques icy
permis que precifemét lefdiɛtz limites ou termes feuffént cogneuz relatiuement. Car combien que ie fçache trefcertainemét quand il eft
en mon habitation ou l'orient, ou le midy, ou
l'occident ou la minuyɛt, neantmoins il ne
m'eft poſsible, fauf que a peu pres, determiner
en terre

[handwritten annotation in top margin]

en terre fur quelle prouince, pays, ou lieu, ou li
mite eft l'orient duquel i'ay le midy, ou l'oc
cident, duquel femblablement i'ay le midy. Il
fuffift donc q̃ ie fçache a peu pres dix ou quinze ou vingt degrez plus ou moins là ou tel ter
me eft. Car Dieu ayant rompu la cõtinuité de
la terre tant par la mer de Iapet Athlas, comme
par celle de Sem qui eft deſa le nouueau mõde, comme la noftre eft par deçà il femble qu'il
ha voulu ofter la cognoiffance des longitudes
de la terre ou mõde inferieur. Et par ce quelque chofe que plufieurs Autheurs fuyuãt Pto-
lemée ou par aultres raifons, fe foiét esforcez
de trouuer & auerer lefdictes longitudes, iufques au iourd'dhuy elles font encores telemét
incertaines que ce feroit beaucoup d'en approcher a 15 ou 20 degrez prés, c'eft a fçauoir
fix centz ou quatre centz cinquante ou pour
le moins trois centz lieues aux lieux là ou l'on
n'ha point efté librement a caufe des tyránies,
ou des mers & defertz. Car aultre part la longitude eft obferuée a peu prés comme en l'Europe Iapetio, ou en l'Afie & en l'Afrike autãt
qu'elles font prochaines de noftre dicte Iapetie. Ie metz cecy a caufe que les auditeurs de
Moyfe expofant la myfterieufe liberation du
peuple

peuple de Dieu faicte par la saincte cachée dicte Ester, mettent dedens la Diuine & præde-
stinée habitation du souuerain meridien la cité de Susan qui veult dire le Lys, telctnent que
comme ainsi soit que la diction Ester se puisse
auec la Raison des nombres selon la mode a
eulx vsitée, conferer en l'Arithmimantie a innumerables aultres vocables.

Ilz ont escript que le nom
d'Ester est le nom d'une puissance feminine qui s'appelle
Sussanach, c'est adire le Lys.
C'est figure des choses futu-
res, là ou il se voit qu'en la court, royaulme, &
puissance d'vn Roy d'vn peuple Gentil dedés
vne cité appellée le Lys ou Susan, il se treuue
vne vierge d'Israël qui gaigne telemét le cœur
du monde, qu'elle paruient a estre Royne au
lieu de l'ancienne Vasthi, qui par son orgueil
& par vouloir faire vne puissance a part soy
sans oebyr a son mary fut deposée. Ainsi Ester
en laquelle Dieu dist ce mot, Ester, c'est a dire
ie me cacheray, & seray le Dieu caché & l'hôme parfaict de la femme parfaicte circondé &
enuironné, par la puissance d'icelluy vient a
deliurer toutz les fideles & vrays Iuifz des
mains

mains & de la puiſſance de Haman le baſtard
Hammalekite d'Eſau, qui ſignifie la tyrannike
puiſſance de Satan exercée en ce mõde par ſes
membres. Car c'eſt luy ſeul auec ſon corps
domeſtique, qui abuſe tant du Cachet de ſon
Prince, qu'il en veult occir les fideles. Ces myſteres ſont faictz non ſans cauſe ſoubz l'Horoſcope de la Gaule. Car il fault que la verité
ou le figuré de telle figure ſoit faict ſoubz la
puiſſance du lys occidental, ainſi comme il ha
faillu que de l'Horoſcope qui depend du meridien du Paradis terreſtre ſoit pcedé le corps
du Redempteur du monde, qui pour ceſte cauſe ayant pris la chair d'Abraham, n'en ha pas
voulu prendre le Papat, c'eſt a ſçauoir L E V I,
a cauſe qu'il n'eſt Pape ou aiſné, qu'en tiers
lieu. Car le Pape aiſné en Premierement premier lieu ha ſon droict d'influence en Orient.
Le Pape aiſné en Secõdement premier lieu eſt
de la maiſon & droict ſecond ſelon l'inſtitu-
tion de Noёh, en la poſterité duĝl le Seigneur
temporel eſt en ſon eminence comme le Pape
de la maiſon d'Adam eſtoit abſolument premier. Le Pape aiſné auſſi (comme touſiours
doibt) mais tiercement premier, eſt de la poſterité d'Abraham a cauſe que le tiers lieu c'eſt
                              K   celluy

celluy du iuge, ce qui eſt la raiſon que Moyſe, ou pour dire mieulx, le ſainct Eſprit parlât par toutz les Profetes, ordonna que tant le preſtre ou ceulx de ſon ordre de Leui, côme le Roy, ou ceulx de ſon ordre de Iudah, ſeruiſſent a la Republike de iuges. Car ayant le peuple eſleu vn Roy (qui ſemble aultremét vne action ſans vice aulcun, & fort louable) Dieu diſt qu'ilz auoient laiſſé le Seigneur & non pas le preſtre, parce que l'office tât du Pape comme du Roy eſtoit de luy ſeruir tant de ſpirituel comme de temporel iuge, & non d'eſtre prince abſolut en puiſſance Spirituele ou téporelle que ce ſeuſt. Et parce Dieu donna alors le domaine abſo-lut au Roy eſleu comme qui auoit tout pouoir ſur les perſones & ſur les biens. Ce magiſtrat de iuge eſtoit le Tiercement premier a cauſe q́ Leui eſtoit bien ordonné Pape, mais non pas en la puiſſance premiere. Et par cecy eſtant en la loy le tout deprauſ, il ha faillu que l'Adam nouueau roy des Iuifz, quád il ha pris la chair & perſonne, ou indiuidu en vn ſubiect vny en la chair d'Abraham, premierement en premier lieu eſleuſt eſtre Pape ſelon l'ordre de l'influx Oriental. Car combien qu'il ſoit eternel Au-theur de l'ordre Pontifical, & que luy ſeul nó

ſeulement

feulement côme Dieu, mais comme la Sapiē-
ce créé, foit fans pere, fans mere, fans genealo-
gie n'ayant luy feul ne commencement ne fin
de iours, (car il eftoit crée deuant le temps) ſi
eft ce qu'il ha voulu eftre fubiect a la loy qu'il
ha mis au môde. Car comme les anges qui par
leur volunté ou & quand ilz veulent prénent
les corps fenfibles a nous aultres mortelz pour
apparoir fe reprefentent (confentant le Createur)ainfi & quand ilz veulent,aufsi pouoit il
faire. Mais pourautât qu'il fault qu'en vne p-
uince folide propre & de long temps deftinée
foit reprefentée la preuue de la promeffe Diuine,luy eftant faict homme folide côme nous
ha voulu foubftenir les troys magiftratz toutz
en vn corps particulier & indiuis. Ainfi ha volu au lieu de Melchifedek eftre de l'ordre fien
& fouuerain qui fans corps ne peult eftre cogneu entre les corporelz. Et parce il n'eft pas
de l'ordre de Melchifedek, comme Melchifedek ou Roy de iuftice,ou temporel, mais côme Roy de Salem,ou de paix,fouuerain Pontife,qui vient a pacifier toutes chofes, en Ciel
& en terre. Et parce que luy & fon efpoufe
Euenôuelle(fans laquelle il n'eft pas bô qu'il
foit feul) font vn mefme indiuidu comme le

K iij   corps

corps & l'ame, Melchifedek auoit deux noms
enfemble, Melchifedek & Melchifalem . Melchifalem ou Roy de paix qui appartient a l'or
dre qui iamais ne tue perfonne, qui eft le Sacré
magiftrat content d'hauoir monftré le droict
& le tort, & Melchifedek ou Roy de Iuftice,
qui eft du magiftrat temporel , local, feminin,
executif, raifonable & non authoritatif qui en
l'vfage d'vne Republique fôt neceffaires pour
d'vn commun accord engendrer vn bon peuple comme vn pere & vne mere engendrent
leur enfant. Mais pourautât que de la puiffance materiele f'engendre la forme, Melchifedek, combien qu'il foit le moins noble, ha efté
nommé & dedens le Genefe & dedés S. Paul.
C'eft affez que le Roy des Iuifz vrayement
nay Roy de fang de Roy, & côftitué iuge des
vifz & des mortz, ha en fon premier aduenement voulu eftre Pape felon l'ordre de Melchifalem ; a caufe que l'orient du meridien
foubz lequel il ha prins le corps , luy eftoit en
plus grâde eftime que n'eftoit la mefine chair
Royale d'Abrahan. Mais il fault que par fon
iuge , qui refpond au tiers afpect & occidental, foit defendu & donné à cognoiftre tout le
droict qu'il ha, & comme Melchifalem ou Pape vni-

pe vniuerfel, & comme Melchifedek ou Roy
aufsi vniuerfel. Car toute iurifdiction tant en
Ciel comme en terre luy eft donnée. Et pour
cefte caufe, comme iuge & Pontife eternel ha
voulu au millieu des deux dignitez en toute
infamie, douleur, & pauurete, fon regne collo-
quer, affin qu'il môftraft a fes fubiectz la voye
de regner. Cecy eft la caufe pourquoy Dieu
ha ordonné les quatre parties pour eftre par
les peuples defquelz & l'Orient eft l'Occident
de Paradis, & l'occident eft le Soleil orient du
dict Paradis. C'eft l'ordre eternel. Mais comme le Saulueur ha voulu eftant nay en ordre
Royal eftre Pape de l'ordre de Melchifalem
auec le poinct oriental, aufsi fon aduenement
fecond eft pour en fon aifné reftituer toutes
chofes, & fera pour planter le fiege Royal de
Melchifedek ioinct a celluy de Melchifalem.
Mais finalement c'eft affin que la Lune aye le
cours de fa vertu & influence comme le Soleil. Car l'Orient eft du Soleil comme la Lune gouuerne l'occident, a caufe que quand la
Lune fut créé, elle eftoit oppofée au Soleil qui
fut premierement veu au figne de la Tefte dict
Aries, le moys duquel figne Dieu immuable
ha voulu par fa loy fignifier qu'il feuft mis &

K iij   eftimé

estimé comme il estoit le premier. Ainsi tandis
que le Ciel fut arresté pour enraciner & pre-
destiner ses influences, la Lune en Libra en
l'occident donna la vertu du regne inferieur,
temporel, & feminin comme en l'orient le Soleil sur le Paradis planta la force & fondement du Superieur, Spirituel & Masculin.
C'est pourquoy le Meridien au regard duquel
est le fondement de l'Orient, est la source de
toutes les Religions & Diuines authoritez
comme nous voyons en la Mosaike, Chrestienne & Ismaëlike loy. Et le Meridien op-
posite & Lunaire est fonteine, force, & base de
toutz les temporelz domaines. Car l'or & le
dieu du monde & des temporelz princes Plutus est soubz le meridien de la Lune dens le
Peru, duquel l'Orient & fondement est en
la Gaule. C'est pourquoy a la verité les
Druides hommes de singuliere foy & verité, respondirent a Cesar, que Palutus ou
Plutus le Seigneur & prince Temporel des
deliurez du Deluge, c'est a sçauoir Iapet,
estoit le pere & Autheur de la gent Gallique. Et pour ceste cause le Regne Pluti-
que ou Temporel ou Lunaire ha sa base as-
sise en la Gaule. Car en la Gaule est l'Horoscope

roſcope du Hemiſſere inferieur. C'eſt pourquoy a cauſe que l'amour deſcent plus qu'il
ne monte, Athlas ou Attalus & Italus qui eſt
Iapet ou Plutus eſteut le Meridien du monde
inferieur & le nomma Athlantis ſelon ce que
eſcript Platon, là ou il eſt vray que c'eſt le plus
grand Temporel mais le poinct Oriental en
la Gaule & en l'Italie conſtitué, il le laiſſa a ſes
aiſnez les Gumbres ou Gomerites Gauloys, a
celle fin que quand toutes les memoires & ſuc-
ceſſions de l'Antiquité & des Origines (par
leſquelles les Droictz durét) ſeroient perduës,
elles ſeuſſent en la Gaule recouvrées & nõ aul
tre part. Car de la puiſſance de la matiere Lunaire ou du Regne inferieur il fault que la forme generale ſoit ſuſcitée, qui eſt le Pontificat
Syriake moderateur & arbitre du monde. C'eſt
pourquoy le ſainct pere Noëh hauoit en la
partie Orientale c'eſt a ſçauoir en l'Aſie comme de beaucoup plus viue & forte influence,
laiſſé ſon filz ſecondement aiſné Sem auec la
ſouueraine authorité Pontificale par laquelle
auſſi la Paradiſiene ou Orientale ſeroit ſuſcitée. Car le tout tend au poſſeſſoire de Paradis
non ſeulement du Celeſte & ſuperieur, mais
du Terreſtre. C'eſt pourquoy ſainct Iehan ha
K iiij bien

bien noté, que le dernier acte de l'Eglise fuperieure vers nous en ce bas monde eſt, QVE
L'EGLISE Celeſte deſcend ça bas pour ha-
biter auec nous. C'eſt pourquoy Athlas laiſſi
a ſon filz aiſné Gomer pere des Gauloys Gō-
bres & Druides l'Oriental poinct de ſon A-
thlantike & Infernal monde , commençant le
Meridien de leur Influence Gallique depuys
l'Italie , iuſques a fin de terre (combien que
ſon Droict & poſſeſſoire feuſt comme dict Io
ſete iuſques au mont de Taurus , & Beroſe
dict iuſques en la Bactrie là ou eſtoient les Co
mares & Scythes.) Ainſi comme il voyoit que
le bon pere Ianus ou Noëh hauoit laiſſē Sem
ſon aiſné charnel & ſecond en Droict au
poinct Oriental de l'Italie , Gaule, & Eſpai-
gne. C'eſt la cauſe pour quoy Sem enuoya
ceſte grande multitude des enfantz de Iektan
le petit frere de Peleg vers les parties d'Orient
en Sefar montaigne d'orient & entre iceulx
(pour ne laiſſer lieu a l'ignorance) le ſainct
Eſprit ha voulu eſtre exprimez deux des enfantz dudict Iactan, qui eſt la Quarte generation depuys Sem , c'eſt a ſçauoir Chauilah ou
Euila d'ou eſt denommée l'Inde voiſine a Gā-
ges & le lieu là ou abunde le tresbon or & les
pier-

pierreries, & Ofir d'ou eſt nommée la Region
Ofir quiconque elle ſoit, de là ou Salomon ſe
fourniſſoit de richeſſes incredibles, faiſant en
troys ans ſa nauigation. Ainſi furent depar-
ties les Quatre parties du môde ſoubz les deux
enfantz de Noë. Les vns auec le Soleil, les
aultres auec la Lune. Athlas fut diĉt Plutus a
cauſe que combien que tout le monde ſoit deliuré du deluge, neantmoins Noëh voulut que
la ſeule maiſon de Iapet portaſt la memoire
d'vn tel miracle ainſi que dit Beroſe, tellement que l'Auite ou ancien Nom des Galz
ou Gauloys a ceſte raiſon fut donné aux
Hoirs de Gomer, dont les Gumbres ſont ra-
ce des Gauloys, & le nom de Palut ou de
Plut qui veult dire le deliuré, fut propre dé
Iapet, pour autant que toutes les temporelles
richeſſes du môde ſont a luy qui parce eſt diĉt
autheur des hommes, non par luy mais par
ſon filz aiſné Gomer diĉt Promethée formez.
Soubz vn tel Nom de Plut ou de Dis ou
Daies, il voulut que les Gauloys retinſent
leur origine de luy, & alors ayant filoſofé en
l'Afrike Occidentale ſ'en alla en Enfer c'eſt a
dire au poinĉt de la minuiĉt, là ou eſt la force
de la Lune, & y fonda ſon Athlantike regne.
l'Orient

L'Orient Lunaire fut dóné a Promethée dict
Gomer Gauloys & autheur des hommes. Ce
poinct Gallike Oriétal de la minuict est Oc-
cidéntal du Meridien Syriake lá ou fut collo-
qué Sem, a cause que le Dieu incarné qui se
pourmenoit en Paradis viron le midy hauoit
esleu en ce lieu de l'air ou manoir Meridional
sa proprieté, pour & astin que finalement auec
les enfantz de Iektan qui est le pere des petitz
& humbles, le poinct Oriental seult restitué a
Adam, qui par la fraulde de Satan en hauoit e-
sté chassé. C'est l'Eternele raison des Quatre
parties du cours du Ciel, dont le sondement
est au Meridien du Paradis, lá ou est entré M.
Françoys Xabier, soubz lequel plus s'est faict
en si peu de temps qu'il est en l'Orient de la
Terre Saincte, que iamais en nulle part du
monde ne se list sans miracles hauoir esté faict,
quant a la conuersion du monde & a faire re-
cognoistre le Roy des Iuifz, lequel est premier & dernier & seul Confirmateur du mouuement du Ciel soubz la Terre, ce qu'il ha faict
soubz sa proprieté pour laquelle conquerir il
ha preordonné la puissance Occidentale dudict lieu.

De la merueilleuse puiſſance de IESVSCHRIST, laquelle en noſtre temps il ha voulu mõſtrer ſoubz le Paradiſiake Meridien, par le conſentement & cooperation de M. Francoys Xabier, & de la vocation premiere dudict Xabier & de ſes compaignons. Chap. XXII.

NOus voyons au iourd'duy (choſe digne de ſouueraine deploration) eſtre cõduicte a tel poinct la malheureuſe couſtume des Occidentaulx Chreſtiẽs, que non ſeulemẽt nul, ne pour Doctrine, ne pour miracles, ne pour Saincteté de vie, ne ſe meut, mais incontinent qu'on voit quelqu'un auec quelque ſerueur ou zele cõmencer quelque forme de reformation, ou de viure plus ſelõ Dieu qu'on n'ha de couſtume, incontinent il eſt ou meſpriſé, ou mocqué pour le moins, ou dauantage eſt reputé fol & inſenſé & finalement occis ou empriſonné. Ayant cecy long temps comme aultres innumerables ſeruiteurs de Dieu experimenté M. Ignace de Loyola (duquel la vie aultre part s'eſcripura amplement) depuis auoir en Eſpagne cõuerſé en vne Merueilleuſe auſterité de vie accompaignée de ſemblable foy & bõnes operations, voyant que le dict du Saluateur eſt treſuray, qui dict, le proſete n'eſtre mal ou

peu

peu estimé, si non en sa patrie, Il se part d'Espa
gne, & faictes quelques peregrinations, s'en
vient a Paris, tant pour y acquerir la somme
du Catholique sçauoir, comme pour veoir si
il trouueroit qui le voulust imiter ou pour
mieux dire IESVSCHRIST plus sincerement
seruir par son adhortation. A ce faire premieremét auoit drecé vne Diuine forme & vrayement admirable, de Doctrine briefue pour faire que l'homme cognoisse au vray & en soy
vrayement sente pour quoy il est venu en ce
monde, & que plus en vn moys s'entende &
gouste de la verité Chrestienne que par vingt
ne trente ans vulgairement ne se faict communement suiuant les predications. Ainsi donc
pleut a Dieu, que par le moyen de ladicte Doctrine appellée Spirituelz exercices il trouuast
personnes qui volussent vrayement attendre
a postposer toutes choses a la vraye reformation de soy mesmes, & de tout le monde. Ainsi ce qu'il ne pleut a Dieu qui print son origine ne en Espagne, ne en Portugal, ne en l'Italie ne aultre part, mais fut commencé a Paris
telement que les tressainctes promesses y furét
d'une part & d'aultre données & receues en
telle sorte, que l'an de grace 1536 neuf personnes

nes & bonnes & doctes se trouuerent soubz
le dixiesme qui estoit le susdict M. Ignace, qui
vn an deuant s'en estoit allé a Venize les atten
dre, qui toutz promirent de faire la vie Apostolike. Ainsi fut a Paris fondée ceste cópagnie
Saincte, en laquelle combien qu'il y eust d'Es-
pagnolz Maistres Fráçoys Xabier, Iakes Laynez, Alfonce Salmeron, Symon Roderigo,
neantmoins Dieu ne voulut que leur consen-
tement seust donné en Espagne mais a Paris,
là ou il y eut de Françoys, Maistre Pierre Faber, Pasquier Broët, Claude le Iay, Iehan Co-
dury, & Nicolas bobadille Espagnol ou Fráçoys qu'il seust, car ie n'é suis certain, lesquelz
ayant laisse a Paris quelquesvns, depuis en ont
tiré vn grãd nõbre apres eulx. Eulx arriuez en
Italie incontinent feirent l'office destiné, de
prescher parmy les places comme IESVS
CHRIST & les siens, reconcilier, les discor-
dantz, confesser les penitétz, en la plus part des
villes d'Italie, tãt qu'eulx venuz a Rome, là se
voulurent arrester, ou abonde principalement
l'iniquité affin d'y faire pl? de fruict. Et aduint
chose merueilleuse que incontinent dedés la
court du Roy Ferdinant cóme le plus Oriental des princes Latins, & en celle du Roy de
Portugal

Portugal comme le plus Occidental en surée
inuitez & receuz treshonorablement des prin
cipaulx, & en telle amour & estimé furent, que
ie sçay que Maistre Claude le Iay a refusé du
Roy Ferdinant vne belle Euesché. Dela est
venu que la côpagnie (qui en France ne debuoit si non par moy estre par lettres manife-
stée, & par ce n'est encores cogneuë côme elle
doibt) s'est desia estenduë en Padoë, Venize,
Ferrare, Bologne, Florence, Sicile, en Valen-
ce, Barcelone, Coimbre, Lisbone & aultres
partz. Mais en nul lieu du monde n'ha trouué
la disposition telle qu'en l'Inde Orientale di-
ête de Portugal. Car laissant a part que le Roy
leur ha donné la cure de l'Orientale Amerike
en la nouuelle cité du Saluateur, & celle de
l'Afrike Meridionale faisant le siege en Con-
go, Generalemét toute l'Inde, depuis Ormuz,
Isle situéc en la bouche du Sein ou Golfe per-
sike, Iusques au Molukes, & a la Iaua leur ha
esté auec tel faueur du Ciel concedée, que iamais depuis que la memoire de lettres se garde
en si peu de temps, non pas en cent ans dauantage ne se seist tele mutation, au moins que
Dieu aye permis qui se life. Car combien que
nous lisions en la vie des Apostres escripte par
Habdias

Habdias Euefque de Babylone & l'un des 72.
difciples audict lieu par lefdictz Apoftres cõ-
ftitué, que dedens l'Inde bien auant fut par
fainct Thomas prefché, neãtmoins ne le nombre des conuertis fi grand ne fe lift, ne la con-
uerfion de telle forte. Car a lors y auoit tant
de miracles qu'il failloit é defpict d'eux qu'ilz
creuffent. Mais icy il n'y ha que la vie & la do
ctrine feulement auec laquelle les Apoftres &
leurs fucceffeurs auoient par trois centz ans les
continuelz miracles, lefquelz il ne plaift plus
a Dieu de faire communement (combien que
encores toufiours f'en face,) a celle fin que cõ
bien que les peres de ladicte compagnie n'en-
feignent pas encores auec la voye de Raifon
comme eulx & toutz predicateurs en tout le
monde feront, neantmoins Dieu monftre l'hõ
me principalement foubz le Meridien Paradifiake eftre telemét a la Raifon difpofé & reftitué, que deuant qu'on leur môftre par Raifon,
ilz reçoiuent ladicte raifon par la Diuine authorité fimplement a eulx proferée. Eftant
donc les chofes qui font ou ont efté autât cõme fi elles n'eftoient poinct, fi elles ne font ma
nifeftées a l'homme en tout le monde a celle
fin qu'il en glorifie Dieu, il fault que nous iu-
geons

geons eſtre le plus heureux homme du monde
celluy qui ha eſté & eſt le principal a replan-
ter le Verbe Diuin au Meridien Paradiſiake
& enuiron. Car eſtant ainſi que iamais ne ſera
perdue la ſucceſſion des Chreſtiens par le Reuerend Pere Françoys Xabier conuertiz &
Baptizez (ce que l'eſprit qui en moy parle &
dicte cecy ſçait treſcertainement) a cauſe de
la partie Oriétale lá ou il eſt, il fault que Dieu
ſoit a iamais plus glorifié auec la memoire dudict Françoys, que iamais ne fut d'hôme, i'entendz quât a vne perſonne priuée, & qui n'ha
aultre titre ne n'en veult que de ſimple preſtre.
De mon dire ſe peult deſia coniecturer la verité côbien que ie l'aferme du futur, par ce que
lon voit en la Chreſtiéne Occidétale d'experiéce. Car la principale cauſe par laquelle ladicte Gallike ou Pariſiéne côpagnie (car il fault
vueille l'affection humaine ou non, qu'ainſi
ſoit nômée) eſt cogneuë, & eſt ver uë, vient, &
viendra de plus en plus des labeurs & trauaux
dudict M. Françoys. Car ſi pour le premier iamais n'euſt eſté a Paris, & ſi a Paris n'euſt pleu
a Dieu luy donner le conſentement pour tele
vocatiôn, iamais n'euſt rien eſté d'une tele en-
trepriſe. Ainſi donc comme a la Natiuité du
Salua-

Saluateur Roy des Iuifz, la souueraine & ex-
citatiue cognoissance tant des legitimes gou-
uerneurs des Iuifz, comme du tyrant illegiti-
me Aedumæen vint de l'orient, & fut par ce
Ierusalem toute esmeuë, que les nouuelles furent d'Orient par les Mages apportées que le
Roy des Iuifz estoit nay (car le destin certain
comme le faict en l'estoile se monstroit) Aussi
par ces nouuelles Indiénes apportées en l'Occident fault que toute nostre Eglise soit trou-
blée d'estonnemét & s'esmeuue a chercher ou
est renay le Roy des Roys. Car qui est celluy
qui s'entant dire, que tout l'Orient soit non
seulement Chrestienne a la simple parole d'un
prestre conuerty a Paris, mais viue en la vraye
perfection Chrestienne & apostolike, ne s'esmeuue tant a l'admiration, comme a l'imitatió?
Vray est quelque affection qui soit au cótraire, il fault que telle compagnie, combien, quo
iustement se dië & nomme, comme elle est, de
I E S V S, ce nonobstant elle se dise la Compagnie Gallike de la legation Eternelle. Car c'est
a faire au Roy treschrestien dedens le Royaulme duquel elle est naye, & en l'vniuersité du
quel, elle ha esté esleuée de la Nommer ainsi
qu'il voira estre de Raison, rendant principal-
L lement

lement a Dieu l'honneur d'vn si grand bien, ce
qui ne se peult a la verité faire, sans que le lieu
là ou elle ha pris Origine y soit par la Patrie
pour le moins commemoré, & sans que l'office
de ladicte Cópagnie soit exprimé. Car Dieu &
nature qui ne sont rien sans cause, n'ont point
eternellement preordonné vn tel faict que ce
ne seust a celle fin qu'il seust cogneu, & par có
sequent en tout le monde a iamais denómé du
Pais & du lieu là ou Dieu l'ha faict naistre. Car
Misser Ignace mesme confessera, que combien
qu'il seust cogneu & en son pais en Nauarre
& quasi en toute l'Espagne & pour noble gen-
tilhomme & pour vaillant Capitaine & soul-
dart, & en apres pour homme d'vne tressaincte
vie, & d'vne treslongue penitéce, neantmoins
iamais n'ha trouué lieu là ou il peust en premier fondement pratiquer sa vocation, sauf
que dedés le Gallike Regne du Roy treschrestien, & ce a Paris. Donc il fault que ceste pra-
tike de l'Euangelike Regne de IESVS aye sa
denominatió & auec la verité & sans enuie de
personne. I'ay bien esté de cest aduis vn temps
que ladicte cópagnie s'appellast de Iesus, mais
voyant que ce Nom est odieux aux aultres religions comme si elles seussent moins de Iesus
ou de

ou de son Nom & principalement a ceulx qui
se disent Euágelikes, pour autát qu'il fault que
tout le monde soit nómé de Iesus, ou du Nom
de Iesus, ainsi cóme il ha esté de Christ Chri-
stian, il fault que a la verité & sans enuie s'appelle la Gallike cópagnie de la Legation Eter
nele . C'est a ce que Dieu nous ha desfaictz de
l'Orient incitez plus sans cóparaison que par
innumerables bonnes oeuures qui ont esté par
deça faictes, se fót & serót a l'hóneur de Dieu,
tant par M. Ignace, a Rome & ailleurs, comme
par la tresheureuse ame de M. Iaakes Laynez
en toute l'Italie de M. Alfonce Salmeró tres-
docte aux trois lãgues du titre de la croix semblablement en l'Italie, par M. Symon Roderic
en Portugal par Misser Pasquier Broët tant en
France & Bologne comme de present a Paris
soubz les aulmosnes de Mósieur l'Euesque de
Clairmont aydant a la cópagnie, cóme aussi
d'innumerables aultres tresdoctes & tresbons,
qui sont tát en la Chrestiété Latine cóme aux
Indes en Afrike & dedens le monde nouueau
respádus & plusieurs de patentz miracles enri-
chiz. Car oultre que les choses peregrines in-
citent a leur admiration, il n'y ha chose qui tát
esmeuue comme se qui se faict en l'hóneur de

L ij   Dieu

Dieu principallement foubz le Meridien du
Terreſtre Paradis. C'eſt lá q̃ le ſuſdict M. Fran
çoys non vn Roy ou deux, mais neuf ou dix
ha partie inclinez a eſtre Chreſtiés partie con
uertiz & baptizez. C'eſt lá ou les roys par leurs
parétz martyriſez ont eu teſmoignage du Ciel,
a leur mort ouuert & de la terre trébláte. C'eſt
lá que telle côuerſion ſ'eſt faicte qu'en vn ſeul
moys ſont baptizez dix mille Payens par vn
ſeul hôme. C'eſt lá q̃ tant ſ'en eſt côuerty que
plus de cent mille en moins de deux ans ſont
ſauluez. C'eſt lá que les petitz enfantz ſont tát
animéz, qu'ilz, pour deſtruire les paternelz
Idoles, ſôt faictz martyrz par leurs meſmes pa
rétz. C'eſt lá que ia voyons les anciénes cômu
nitez pour la pauureté reſtituées. C'eſt lá que
les Cathechiſteres ſont côme du téps des Apo
ſtres inſtituéz. C'eſt lá en ſomme que Ieſus ha
voulu monſtrer l'omnipotéce de ſa vertu, faiſant en effect garder les oeuures de ſa Loy, &
le labeur de ſa vigne, ſans eſtre plus cogneu, &
par Satan eſtant de ſon Nom deſpouillé cômo
au parauant en la deſcription de Giapan ſ'eſt
veu, qu'en tout le monde n'eſt demouré ſi parfaict image de la primitiue Egliſe. Et dé tout ce
que i'ay dict proteſte auoir veu lettres & ad-
uertiſſe-

uertissemétz tresdigne de foy, lesquelz se pou-
ront a qui en doubtera exhiber, & par plus lõ-
gue histoire descripre. I'ay pour cecy testifier
les lettres de l'Euesque de Goa a la Royne de
Portugal, Les lettres du Roy de Challa faict
Chrestien adreçantes a l'Euesque general des
Indes. Plusieurs dudict M. Françoys toutes a-
uec les Viceroys cõiquées pour la foy publique auãt qu'en Portu-gal soient enuoyées. Sé-
blablement la mort & Martyre de R. P. Anto-
nio criminale escripte par le susdict Euesque.
Cestuy cy estoit vn des deux qui seirét le tiers
auec M. Françoys allant premieremét aux Indes. Oultre celles de M. Françoys Perez escriptes en la Malacha au droict des Moluches en
oultre de l'Ethiopie & de l'Amerike, & aultres
innumerables qui ne font aultre en recitãt vn
incredible fruict aux choses Chrestiennes, sauf
que mõstrer la negligéce tant de noz platz cõme d'innumerables hõmes de grandes lettres,
q si ilz les chercheoiét pour l'amour de Dieu,
ilz en ont cent mille foys plus qu'il ne leur en
fault, pour le but final des lettres qui est de dõ-
ner a ses prochains la souueraine lumiere des
lettres en la foy.

Pour quelle cause l'autheur ha éterpris ceste histoi-

L iij   re de

re de defcripre la côpagnie de Iefus. Ch. XXIII.

IL eſt pour tout certain que le teſmoignage
rendu a quelque perſonne, côpagnie, ou Republique, q̃ ce ſoit, eſt d'aultant plus ſort & digne d'eſtre creu, côme il eſt venu ou viét d'vn
ennemy ou de perſonne qui ayo iuſte cauſe de
l'eſtre. C'eſt pourquoy Dieu m'ha ordóné en
ceſte Indiane & Paradiſiake hiſtoire, de reciter
les Origines ſpirituelz de celluy qui eſt princi
pale occaſion que telle hiſtoire & narratió ayo
eſté au peuple Occidétal manifeſtée, pour ex-
citer tout le monde a chercher ou eſt renay &
formé en l'hôme, Ieſus Chriſt. Dóc i'ay entre-
pris ceſt hiſtoire côme pſonne qui aurois cauſe treſiuſte, ſ'il y auoit quelque choſe de faulx,
de le dire & publiér, & en parlant côme hôme
& vſant de cómun Droiɛt qui eſt : Vim vi re-
pellere, talionéque tulione péſare, ie pouroys
bien trouuer moyen de tirer en tele calúnie ce
q̃ ie louë, côme i'ay eſté a tort de Miſſer Ignace calúnié, côme ſoubſtenát en leur côpagnie
faulx propos, pour leſquelz m'ont de leur cópagnie expulſé & rendu a tout le môde ou o-
dieux, ou noté de legereté tele qui n'euſſe bon
iugemét d'affermer telz propos. Pour dóc dóner a cognoiſtre a tout le monde qu'elle ſoyil
me doibt

me doibt auoir en ce que i'ay de ladicte côpagnie elcript, ie veulx expoler les principaulx
propos lelquelz il ha lemblé audict M. Ignace
reprédre en moy, ou m'attribuer pour me rendre odieux ou en opinió de mauluais iugemét.

Le premier propos & plus en moy repris eſt,
Que cóbien que i'eulſe receu du Ciel par Diuine & a moy treſcertaine lumiere ǵ la Monarchie qui neceſſairemét ſera en ce bas môde, ſor
tira de la Gaule & y prédra Origine, & que le
Roy de la Gaule par vertu & nó par ſang eſleu
& Treſchreſtié de faict ſera le Monarche reſor
mateur de l'Egliſe & du môde vniuerſel, & ledict Roy debuoir eſtre le premier quiconque
vouldra entédre a tele vocatió, ce neátmoins
cela a eſté du tout en moy repris, côme choſe
non appartéante a Dieu ne a vn Religieux de
parler du Droict ou de l'eſtat des princes. Nó
obſtant pouant maintenát non plus par voye
de lumiere ſu pieure a aultruy incogneuë mais
par droict Diuin celeſte influence & humaine
raiſon le meſme conſermer, tant ſ'en fault que
telle propoſition (de laǵlle i'ay touteſſoys par
obediéce de M. Ignace cent milles milliós de
foys mauldict, renié & blasſemé leſprit auát ǵ
ie l'euſſe par les troys aultres moyés) ſe doibuꝪ

L iiij　tenir

tenir faulse q̃ pour la soubstenir ie mettray cét
foys s'il est besoing la vie au dáger souuerain.

Le second propos & qui en cõtient soubz
soy innumerables est, Q uil fault necessairemét
que tout ce q̃ Satan ha en ce mõde destruict &
guasté, icy bas é ce mõde, soit par Iesus Christ
auec infiny gaing & vsure restitué. Et par ce li
teralement tout ce que les Iuifz iadis ont atté-
du d'estre accõply par le téporel regne de Iesus Christ, sera soubz le Gallike Monarche accõply. Car il fault qu'on sache qui est le Legitime Cesar en ce monde cõme Dieu, pour rẽ
dre a chascũ ce qui est sien. Cecy ha esté referé
entre les songes Iudaikes & fables, pour ce que
soubstenir toutessoys suis appareillé *vt supra*.

Le tiers pour autát que le Roy treschrestié
sera le reformateur, & q̃ par ce luy seul (a cause
de la corruption Romaine) sera eslire & cõfer
mer vn Pape sainct en la Gaule, Misser Ignace
m'en seist vne vesperie deuant toute sa compagnie Dieu sçait quelle, comme s'il n'y eust
eu au monde Françoys que moy, & cõme si ie
ne luy eusse pas dict qu'il se nommera le second Pierre. Si est ce que la vie a moy prestée
va pour l'asseurer qu'ainsi sera.

Le Quart est que ie ne sçaurois en nulle sorte con-

te confentir que le Pape foit au deffus du Con
cile, ce ĝ toute la cópagnie f'esforce a perfua-
der en tout le móde côtre l'Eglife, Faculté, na-
tion, & confentement Gallike. Car f'il aduc-
noit que les Conciles de Bafle & de Conftáce
feuffent cóciliabule, il fauldroit neceffairemét
que les Herefies & Heretikes condemnez en
iceulx feuffent indeument condemnez.

Quant a ce que j'ay efcript depuis que ie fuys
hors de la cópagnie, cóbien qu'ilz fe foiét ef-
forcez tant de faire efcripre côtre cóme de le
mettre en cenfure, neantmoins ie fuys venu &
refide tout appareillé au lieu pour en refpondre, tant en foubftenát ce qui eft a foubftenir,
cóme en donnant raifon de ce qui ne f'entéd
felon le fens cómun. Combien qu'il y ha plufieurs chofes menuesoultre celles ĝ i'ay dictes,
neátmoins ce font (cóme ilz fçauent) les prin
cipales pour lefquelles i'ay efté d'eulx dechaf-
fé, & defpouillé de la reputatió, laĝlle en leur
rendant le côtraire auec la verité ie regaigne-
ray a lh'onneur de Dieu non pas de moy plus
claire qu'au parauát, ce que ie dis d'autant plus
libremét & affeuremét cóme ie fçay que l'hon
neur & reputatió de la verité eft de Dieu & de
~~noftre Pere~~ Iefus Chrift Dieu & hóme qui d'au-
noftre fauluer   tant

tant plus la foubftiédra comme il m'ha donné
plus de defir de viure pour L'honneur Plaifir
& Richeffe de fes aultres membres en Mef-
pris, Douleur, & Pauureté. Mais a la verité ce
qui me donne fouuerain contentement en la
reprobation ou dechaffement que i'ay receu
defdictz Côpagnons de Iefus, eft qu'il ha pleu
a Dieu me donner vifible, fenfible, & a tout
le môde par raifon demonftrable cognoiffance de mes fupernaturelz parentz, & autant à
tout le monde comme a moy neceffaires autheurs & dateurs de la vie Eternelle, qui m'ont
confermé en ce que ie doibs faire & tenir. Et fi
n'euft efté que i'euffe ainfi laiffé & abandoo-
né de la fouueraine compagnie qui foit a Rome, Dieu ne m'euft auec tant de confola-
tion receu, comme de me donner de manifefter le fouuerain principe de fon Euangile,
iufques au iourd'huy en l'Orient caché, qui
eft ce qu'il failloit a S. ce que toutesfois
par Diuine ordônance i'ay mis au commencemét de S. Marc côme plus neceffaire a eftre
accôply. Sêblablemét m'ha efté côferée la grace, q̃ le fens Antique des fainctes Efcriptures
qui depuis Moyfe iufques a noftre téps eftoit
caché

caché, aye prins lumiere par moy cōme dedês
le Zohar se voirra par tout le mōde. Mais ce q̃
i'estime plus que tout, est que Dieu m'ha dōné
tant de trãquilité d'esprit, que cōbien que i'aye
esté traicté de Misser Ignace cōme i'ay dict, &
soubz cestuy le meilleur mēbre ou Senat qui
soit é l'Eglise Romaine aye esté cōme
ie ne laissay onc, & ne suys pour laisser en
mes oraisons (cōbien que ou froides ou tepi-
des) a l'auoir en telle recōmãdation vers Dieu
cōme mon superieur pere, Prelat, ou Euesque,
a causé que a la verité le moyen que Dieu luy
-ha reuelé pour cōuertir les hommes ha esté le
moyē de me dōner vraye & tãt naturele cōme
supernaturele cognoissance de moy. I'ay icy
voulu dōner ceste satisfactiō a tout le mōde à
celle fin qu'on voye que si ie vouloys en ceste
narration de la Gallike societé tirer les choses
en mauluaise part, i'en auroiseu tresiuste occa-
sion sçachant q̃ les veritéz pour lesquelles ie
suys debouté, sōt Eterneles, lesquelles ie veulx
comme ie doibs nōmer teles pour autant que
protestãt de la tresiuste peine de Talion a quiconque & cōtre quicōque les vouldroit nyer
ou affermer faulses, i'ay deliberé ou auec la
mort

mort ou auec le fouuerain·peril d'icelle·par
moy voluntairement ¢mbrace & defire fi ainfi
a Dieu plaift, les confermer a iamais. Car il eft
impofsible que ce qui eft a la fouueraine raifon vny, puiffe eftre trouué faulx.

De l'arbre merueilleux qui porte pain, vin, fucre,
huylle, foyes, linges, chemifes, habilleme̅tz, voilles, feu,
& innumerables aultres vtilitez. Cha. XXIIII.

Ombien que l'arbre du̅l ie veulx parler,
foit par Loys Varteme defcript viró Calicut qui n'eft pas droictement le meridien de
la Surie duquel ie parle, ce neantmoins ie péfe
cóme ainfi foit ǵ l'orient abfolut & Paradifien·
foit fourny en fouueraineté de ce qui fe treuue en toute l'Inde occidentale, qu'il y doibue
eftre. Strabon Cofmografe en fon 15. liure defcript dedés les cófins de Babylone & de Per-
fe fe trouuer ledict arbre, & le nóme Palma, &
dit ǵ de fon temps fe trouuoit vne cháfon ou
vne quátité de vers qui nombroient iufques a
trois centz & foixante vtilitez tirées de cefte
Palme, de laǵlle il dit ainfi: Ce pays lá raporte
tant ǵ l'orge y raporte 300 mefures pour vne.
ô la grande fimplicité des Occidétaulx qui ne
vont a conquerir ce pays lá, ou il n'y ha quafi
nulle habitation , & y ha plufgráde fertilité du
                                                    monde,

monde,fans eftre icy fi preffez qu'ilz fault gra
ter pour viure iufques fur les montaignes, ro-
chers,lādes,& fables? Puys ledict Strabo fuy-
uant dit ainfi: La region dōne le refte des vfages de la vie de la palme. Car d'icelle ilz font
le pain,le vin,le miel,& le vinaigre, & diuer-
fes fortes de toiles,& tiftures.C'eft la fentence
de Strabon,qui deburoit animer toutz les nobles cœurs du monde a s'empatronnēr d'vne
telle chofe,ou pour le moins d'vn pays,là ou il
en pourroit planter innumerables. O cōbien
eft grande l'intelligence de ceftuy arbre? Mais
il vault mieulx en efcouter la fentéce de Loys
Varteme Romain qui raconte de veue ce qu'il
en ha apris,difāt ainfi. Il y ha aux enuirōs vne
arbre tresdigne d'eftre cogneue,car en fertilité
& doulceur de fruictz elle furmonte toutz les
arbres du monde. Elle porte cōmè vne palme
les dactyles ou dattes,(c'eft adire en maffe cōme vne grappe) delà ou les hommes tirent dix
vtilitez. Car elle porte du boys pour brufler,
des noix tresdoulces à manger,des toiles tref-
bōnes a faire voiles de nauires,des toiles & ve-
ftementz treffubtilz,qui quand ilz font teinctz
ne cedent en rien à la fōye. Ladicte arbre dōne du charbon à faire du feu,du vin, de l'eaue,
de

de l'huylle, du sucre. Et des feuilles ce qui en
chet, on en faict les couuertures des maisos, qui
gardét six moys en couuert de la pluye. (car a
cause des grádes pluyes soublz le grád chauld
les choses y pourrissent tost)Mais a grád peine
seray ie creu, si ie ne recite la chose plus a propos expres. Ladicte arbre porte des noix cóme
vne datte, (mais grosse cóme la teste d'vn hóme ou enuiró ainsi qu'ó en voit iusqs a Paris)
& en portent chascune 100. Ilz leur ostent la
premiere escorce qui est pour brusler. Car cóme boys elle brusle tresardétement. Le second
fruict est cóme cotton ou soye,ou comme lin
leçl quád il est accoustré par gétz a ce duictz,
& du plº subtil cóme seroit le látez ou estaim,
ilz en font des draps qui ne cedent en rien a la
soye. (Il n'y ha doubte ق la ou y ha tressubtile
& fort grosse tille ou matiere, qu'il n'y aye aussi diuerses toiles moyennes cóme nous voyós
du lansez ou tille fine, a l'estoupe) du plº gros
ilz en font des cordes dont ilz vsent aux tres-
grandz nauires. De la suyuante escorce ilz tirent du charbon. L'aultre escorce contieut en
soy le noyau le plus doulx a menger du mon-
de(duquel ilz se seruent en lieu de pain. Ceste
escorce n'est pas moins espesse que la grosseur
du

du petit doigt. (tout a l'enuiron de la groffeur
d'vn noyau qui demeure encore plus gros que
vne foys& demie le poing d'vn hôme moyé.)
Et là dedés eft de l'eau quelque foys en fi grãde abôdance qu'il y en aura deux ou trois go-
beletz en vne noix feule, laqlle eaue eft tref-
doulce& claire côme l'eaue rofe.& depuis ſen
faiſt de l'huille fi fuaue, qu'il ne fçauroit eftre
plus.Ainfi fept vfages de ladicte noix vo' font
ia monftrez. Ilz ne permettent pas que l' ·n des
rameaux dudiſt arbre produife fruiſt,mais viron le millieu de fon tronc au foir & au matin
taillent lediſt rameau incifant feulement, bai-
gnent le lieu de ie ne fçay quelle liqueur, laqlle tire le ius ou fuc de ladicte arbre, fequel dé-
goutte en vn vaiffeau qu'ilz attachent là.(auql
vaiffeau il me fouuiét hauoir leu que les finges
font le guet pour incontinent ğ les gentz n'y
font pas le venir boire, tellement qu'il y fault
faire le guet.) Et eft celle liqueur finguliere,de
laquelle tãt le iour côme la nuyſt ilz coeuillẽt
vn bon vaiffeau. Puys le cuifent fur le feu par
plufieurs fois, tellemẽt qu'il eft fort côme eaue
de vie (qu'on doibt dire de vin) de ce que fi
quelqu'un en boit trop,il eft yure iufqu̕es a fu
reur. Et cela leur fert de vin. D'vn aultre ra-
mcau

meau ilz tirent le fucre, mais il n'eft gueres bõ.
Ceft arbre porte tout l'an les fruictz cõtinuelz
ou verdz ou fecz,& cõmence a porter a 5.ans,
& dure 25.ans portãt.(C'eft quãt a celle eage la
cõpagne de la Muze qui eft vne forte de palme
qui croift en la Terre faincte portant fruictz
tresdoulx & parfaictz en mode de petitz cocõ
bres fept ou huict attachez a vn pied comme
raifins,qui eft le plus fouef manger du monde.
Les feuilles font grandes affez pour quafi cou-
urir vn hõme,& les pl⁹ beaulx & politz du mõ
de,fur lefqlz a caufe qu'elle vient en la Fenice,
les anciés iadis efcripuoient, cõme encores au
iourd'huy f'efcript en l'Inde fur les feuilles
de palme.)Telz arbres fe treuuét en l'efpace de
200000 pas cõtinuellement. (Et eft vn feul ar
bre fuffifant,ainfi qu'en aultres autheurs expe-
rimentez ay leu,pour nourrir vn an vne fami-
le, c'eft adire continuelement.) Toutz ces arbres font de particuliers & font fi trefinuiola-
bles,que là ou les Princes feroient la paix auec
qui hauroit tué leurs enfantz,il n'y ha ordre q̃
iamais feuft pardóné, ou qu'on dónaft la paix
a quicõque en euft par inimitié,voire en guer-
re& par droict de victoire faict tailler ou tail-
lé vn feul. (Ce qui fe faict a caufe que c'eft le
subfide

subside de la vie humaine) & plus a Dieu que
de toutz les hômes ou beftes (pour les nieulx
nommer) qui deftruifent pour leur plaifir les
fruictz de la terre, fe peuft faire qu'extreme vé
geance en feuft faicte.) Lediét arbre fe feme
comme les noir, & ayme les fablons. (O heureux fablons Orientaulx.)

*Du merueilleux animal des Indes Iapetiques ou
Athlantiques dictes le Monde nouueau ou les Indes
d'Efpaigne, lequel animal vit fans boire ne menger.
Chapitre XXV.*

IA foit que mô principal but aye efté icy de
  môftrer les merueilles qui fôt la Paradifiake
regió qui eft l'oriétale partie du regne fpirituel
de Sem, toutesfois ce ne fera hors de propos do
toucher quelque chofe de la region Horofco-
pante audiét Paradis, qui eft le môde Iapetike,
Palutike ou Plutike & athlâtike, là ou finifsoit
le propre téporel de Iapet feigneur Téporel
en fa pofterité de tout le môde, mais proprietaire des enfers ou inferieure partie du môde,
là ou le Ciel defcéd depuis le Midy côme fon
frere eftoit feigneur fpirituel des Superes ou de
l'Orient, là ou le Ciel môte, affin que fondiét
frere habitaft dedens fes Tabernacles nô côme
M   proprie-

proprietaire ou Seigneur principal, mais côme
legitime gardien & vsufructier. Car comme le
droiĉt de Sem côme Pape ou Melchisedek n'e-
stoit pas en l'Asie & aux Superes ou Oriétaulx
seulement, mais aussi côme Pape hauoit droiĉt
aux Inseres ou Occidentaulx, aussi Athlas ou
Plutus n'hauoit pas sõ droiĉt téporel seulemét
en ses enfers, mais aussi aux Superes de Sem cô
me dessus. C'est pour quoy ie metz en auãt les
miracles de l'une & de l'autre Inde pour exci-
ter le móde a cognoistre le Pararadis & son au
theur Melchisedekié. Côbien dõc q̃ ia'y desia
escript du Huracã ou tépeste par le S. Sacremét
audiĉt pais appaisée, neãtmois pl'se voira l'om
nipotéce de nostre Dieu en vn ánimal que en
vaincre la puissance de Satan. Car côme se reti
rer du mal a l'hôme de biɛ́ est moins beaucoup
q̃ s'en retirer & faire le biɛ́ tout ensemble, aussi
a Dieu est beaucoup plus gráde chose de faire
le bien & donner la vie a quelque petit animal
que ce soit, & principalement a l'homme, que
d'auoir vaincu la mauluaistie ou force de Satã
cóbiɛ́ qu'il soit Prince de ce móde inferieur.
Car Dieu est òmnipotent. Donc nous voirons
en vn petit animal cóment il est possible qu'vn
corps sans boire ne manger puisse en l'hommè
                                    hauoir

hauoir la vie Eternele, Il se voit dedens les escriptz de Fernandez Ouiedo sus allegué qu'il
y ha vn petit animal de quatre piedz, long de
deux paulmes,& large a l'aduenãt,duquel(ayãt
espoir que tost seront les oeuures dudict O-
uiedo tournez en Françoys)ie ne mettray aultremét la description,tant par estre animal fort
laid cóme pour estre de la cõdition du Chame
leõ sauf q̃ cestuy ha poil& l'aultre nõ.Ce q est
trouué d'experiéce miraculeuse en icelluy est,
q̃ iamais ne boit ne mége,aĩsi cóme le Chame-
leon aussi.Ce que ie prendz en la cómune experience de la Nature pour monstrer dedens
cõstitution naturele des elemétz corruptibles
estre possible,ce que nous attendons de la vie
Eternele.Car si icy bas se treuue vne si grande
perfection qu'un corps cópose des quatre elementz,est telement temperé que le téperament
demeure en sa force du chauld & humide, sans
se consumer iusques a ce qu'il plaise a Dieu de
laisser dissouldre vn tel corps, il nous sera beaucoup plus facile d'entendre cóment les quatre elementz du corps separable admis & prouué par Aristote puissent a iamais durer sans no-
cessité de boire & de méger. Ledict animal est
appellé par soubriquet Espaignol Perriço lije-
M ij ro

ro, c'eſt a dire, Petit chié ſubit, viſte, & diligét,
a cauſe qu'il ſe meut ſi lentement, qu'a grand
peine pourra en vn iour cheminer cinquante
pas des noſtres. I'ay ainſi veu mouuoir pluſieurs Chameleons en la terre Sainéte. Mais cela n'eſt d'admiration en la nature ainſi prede-
ſtinée des animaulx, quand nous voyons par
quelque deſordre de la nature ſe faire le meſme. Il y ha vne féme d'eage entier & ſorte en
la Surie au deça de Ieruſalem qui ne mengea
ne beut il y ha deſia plus de quinze ans eſtant
en ceſt eſtat conduiée par vne maladie. Et ce
nonobſtant eſt treſſaine, freſche & diſpoſée a
faire tout ce que font les aultres, ſauf qu'a boire & a méger & aux choſes qui ſ'en enſuyuét.
Car quand on eſſaye a la faire menger comme
l'ambaſſadeur du Roy paſſant par la eſſaya, tãt
ſ'en fault qu'elle puiſſe méger, qu'il n'y ha cho
ſe au monde qui tant la grieue que l'eſſayer a
aualer ſeulement. Et elle eſtant de religion Iſ-
maëlite ou Muhamedike ne laiſſe aulcunemét
ſes oraiſons a Dieu. Cela nous rendra moins
admirable ce que l'Empereur Charles V. ha
faiét obſeruer & que tout le monde ſçait par
hiſtoire de la pucele de Heydelberghe en Allemaigne, qui pour le moins dix ans ha veſcu
en

en tel eſtat, auquel eſtat par maladie eſtoit conduicte. Comme ainſi ſoit que ſelon la ſentence
de ceulx qui l'enténdent il ſoit choſe mortele
a l'homme hauoir eſte ſept iours ſans boire ou
méger, on ha veu (dont le feu Roy Françoys
& le Pape Leon feirét chaſcun ſa preuue) vn
homme Eſcoſſois ou pour le moins natif du
voraciſsime & goulu pais du Septentrion par
voluntaire accouſtumáce de ieuſner eſtre ainſi venu, qu'il eſtoit tréte & quarante iours ſans
boire ne menger, touſiours fort ſain & allegre.
Semblablemét faiſoit il y ha vingt & cinq ans
ou enuiron vn Iuif qui ſe vouloit faire Meſsie
nomme Selomoh, qui ſollicitoit les Iuiſz &
quelques Marranes a le ſuyuir, lequel l'Empereur a faict bruſler vif ha Mantouë. Cecy eſt
pour nous móſtrer que cóbien que les hómes
péſent que ce ſoit le boire & méger qui main-
tient les corps en eſtre, neantmoins il fault cognoiſtre que c'eſt volunté & oeuure ſupernatu
rel de Dieu qui par ſes intelligences ordonne,
diſpoſe, garde & nourriſt toutes choſes pour
nous donner ſenſible argument de l'immorte-
le duration des corps, pour leſquelz vne fois
hauoir Dieu nous ha creez. C'eſt pourquoy
il ha pleu a Dieu dedés la partie du Nocturne
M iij   & Plu-

& Plutike ou Plutonike regne de l'Occident
garder l'exemple de ce petit animal Nocturne
qui iamais ne châte que de nuiċt, & ne faiċt iamais voix qui ne ſoit ſelon les ſix tons ou voix
de Muſike cómençât en LA & finiſſant en VT,
cóme ſil diſoit La, ſol, fa, mi, re, vt: ainſi profe
rât ha ha ha ha ha ha. Ce que ie prends ſi bas &
petit argument de la plus ſouueraine choſe du
móde, n'eſt que pour cófondre le hault ſçauoir
du móde & pricipalemét de ceulx qui par ſouueraine exercitatió de ſçauoir, mettét en doubte toutes choſes, & viénét en ſouueraine igno
rátce d'eulx meſmes & de Dieu, finalemét pires
ǫ beſtes. C'eſt vn argumét ſéſible & extraiċt de
experiéce, qui nous monſtre cómét l'air Diuin
& celeſte, pourra Eternelemét nourrir & maintenir a iamais vif le Corps ſeparable & immor
tel qui auec la ſeméce paternele viét enſemble
en nous cóme l'eſcript Ariſtote dedés le liure
des Animaulx, Plató le nómoit corps Heroj-
ke, S. Paul corps ſpirituel, lequel en moy, póur
ainſi en aduertir le móde par raiſó & par experiéce & par authorité tât diuine cóe humaine,
eſt ſenſiblemét & par ſeméce ſpirituele reſtitué.

Des admirables citez du fons d'Enfer, & de cel-
les du Paradis, ou commencement de Super.
Chap.

Chap. XXVI.

IL ne me fault icy plus perſuader que la partie Occidentale du monde ſeuſt des anciens
appellé Enfer, a cauſe que vers l'Occidét le So
leil va touſiours a bas, car ce fut iadis choſe tou
te pſuadée. Et parce noſtre pere cômun Noëh
entre ſes deux heritiers feit les deux parties,
l'vne la ſpirituele, maſculine, orientale, aſcen-
dente, ſupernele, immuable : l'aultre la téporelle, feminine, occidentale, deſcendente, infernale, muable. Et n'eſt point ceſt argument ſeulement apparent & propre aux fables ou my-
thologies, mais eſt tellemét demonſtratif, qu'il
n'eſt choſe plus vraye au monde, que qu'il y
aye vne moytié du Ciel qui voiſe a bas infra,
ou vers la partie d'enfer, & qui parce treſpro-
prement ſe nôme & doibt nommer l'infernale
(combien qu'au manoir horrible de Satan au
centre de la terre appartient telle appellation)
comme l'Orientale la ſupernelle. C'eſt pour
quoy Ceſar en ſes Cômentaires, qui aultremét
ne croioit ne dieu ne dyable, ha volu eſcripre
que a la verité les Druides auoiét raiſon, & ne
diſoient rien impoſsible, affermant ǵ les Gauloys ſont enfantz du Dieu des. Enfers appellé
non pas en Grec, mais en la premiere & ſeule
M iiij   langue

langue vraye Plut ou Plutus, ou Dis, a cauſe
qu'il ſoubſtenoit la memoire du Deluge côme
prince téporel du môde, & Seigneur de tout le
téporel du môde, ce q̃ ie veulx eſtre ſouuét re-
peté pour eſtre en la memoire conſermé. La fin
dôc du téporel ou inferieur ou infernal regne,
ceſt aux côſins du Paradis, côme deſſus ay ex-
poſé. C'eſt aux Indes Athlãtikes, là ou il a pleu
a Dieu ſans aulcune noſtre cômunication dô-
ner telle bonté & viuacité d'eſprit, q̃ (ſauf les
Sauluages qui ne ſe ſont voulu laiſſer gouuerner) il n'y ha en tout le monde ne plus beaulx
eſpritz, ne plus par experience monſtrantz ce
qu'ilz ſont. Des eſpritz ou des ames pour dire
mieulx la viuacité eſt monſtrée par les eſcriptz
de beaucoup de perſonnes qui ont noté q̃ tant
en la terre ferme, côme dedãs les iſles ſe treuuent a comprendre toutes les choſes de la religion plus capables que quelconque exercé cer
ueau de Theologié, ce qui ha eſté par eſcriptz
remonſtré a Rome a pape Paule par vn religieux de S. Françoys ou S. Dominike q̃ ie ne
faille, qui môſtroit auec luy vn Indien telemét
en quatre ou cinq ans parlãt le Florentin qu'il
hauoit ouy de ſon maiſtre, côme ſ'il euſt eſté
de Toſcane natif. Vray eſt q̃ Pierre Martyr en
ſes

ſes Decades, & Ouiedo en ſes grandz cómen-
taires, & Hernádez Corteſe aux ſiens teſmoi-
gnent ce que ie dy. Mais qui veult plⁱ certifier
tout le monde de la grádeur de leur eſprit, que
les belles & grandes citez cóme Iucatan, Te-
miſtitá, les ſept citez du Tontóteanco, Cuſco
& toutes celles du Peru? Veniſe eſt l'excelléce
de l'Europe, & neátmoins Meſſico dicte Te-
miſtitan ne luy cede en rien. Qui eſt la cité lá
ou lon puiſſe trouuer 25 mille maiſons cóme
grandz palais? Iucatan ſe deſcript eſtre telle.
Mais que dirons nous des ſuperes ſi les enfers
ſont telz? En Giapá & Ciampa les palais roy-
aulx ſe treuuent couuertz d'or. Cambalu dicte
Cábalech, Genuſay dicte Quinſay, le Catay
dicte Kitay & aultres innumerables pluſtoſt
módes & paradis, q̃ citez ou peuples móſtrent
comment toute l'excelléce du móde eſt ſoubz
ledict meridien Paradiſiake.

De la grande multitude de Chreſtiens, qui ſe treu-
uent maintenant en tout le monde, & principalemẽt
ſoubz le Paradiſiaque meridien ou en l'Orient de la
proprieté du Roy des roys & vrayx Iuifz.

Chap. XXVII.

IE ne veulx mettre en auant ce qui ha tát en
l'Athlantike cóme dedans l'Indien monde
eſté

esté cōuerty depuys 50 ans peu plus ou moins
en ça, a cause q̄ Dieu l'ha faict en despit & cōtre la pensée de ceulx lá mesme qui en ont esté
moyen . Car l'auarice, la curiosité, le desir de
gloire, la volupté,& en sōme l'humain & sen-
suel plaisir ha esté cause de la nauigatiō maintenant tant en l'Athlantique cōme en la Semi-
ke ou Orientale Inde vsitée . Et neantmoins
affin que Dieu mōstrast son omnipotence en
tirer du mal tresgrand le tresgrand bien, cōme
il faict de l'impure matiere la trespure forme,
ha voulu q̄ personnes de tressaincte estude &
desir soiét allez auec les aultres qui ont cōuerty vne partie du nouueau mōde. Ie ne parleray
aussi du precieux Iehan dict le prestre Iehan,
roy d'Ethiopie, a cause q̄ de tout téps quasi ha
esté cogneu a l'eglise Romaine desirāt luy porter & rēdre obedience, mais ie parleray du mōde a l'eglise Romaine de tout-téps incogneu.
Et combien que la seule isle de Giapan peust
souffire, neantmoins a cause que gardāt la loy
ilz ont oublié le legislateur, ce n'est pas assez.
Ceulx du Catai me seruirōt d'exemple en l'excellence q̄ ie veulx mōstrer du meridien oriē-
tal. Mais pour veoir que c'est grace plus destinée que la nature, il fault considerer q̄ les hoin-
mes

mes qui n'exercent leur tresdispos naturel, de-
meurent audict meridien côme bestes, comme
l'isle de Bandan, Monoch, & aultres se voit, ce
que nous pouuons iuger des Mores Africains
qui respondent aux Meridiens de Ierusalé, de
Rome & de la Gaule, tellemét qu'il nous fault
cognoistre, que nó seulemét le meridien mais
le climat se doibt côsiderer. Combien donc q̃
la souueraine excellence du monde soit soubz
ledict meridien, telemét qu'il n'y ha pres de la
voye du Soleil regiő soubz le Ciel plus excel-
lente que celle dudict meridien, si est elle (sauf
les Molagas ou espiceries qui ne peuent venir
qu'en pays chauld) plus amene & riche depuis
le quart climat iusques au septiesme qu'aultre
part. Ainsi se treuue toute l'excellence du mő-
de audict espace comme de la Perse, Chaldée,
Fœnicie, Medie, Parthie, Armenie, Asie mi-
neur, Grece, Macedonie, Italie, Germanie,
Gaule & Espaigne se peult iuger. Semblablement de Temistitan & de Parias. Vray est que
la Iaue & le Peru sont auec grande felicité (en faulse religion toutesfoys) oultre la
voye du Soleil ou pour le moins delá l'equateur. N'ayant donc iamais abandonné la cognoissance du Roy des Iuifz ladicte prouince
de Ca-

de Catay doibt estre tenue la plus heureuse du
monde. Et non seulement est Chrestienne de
nom & a la tepide comme pardeça, mais tant
affectiônée a Iesus Christ & aux lieux Sainctz
là ou il ha voulu ou luy ou les siens côuerser,
que a la seule memoire de Ierusalé ou de Rome pleurant se iettent a genoulx & baisent la
terre. Au surplus non côme les Giapâguiens,
mais comme nous par deça sont informez des
quatre Euangelistes & de la doctrine Aposto-
lique des douze Apostres, & sçauent ce qu'il
fault sçauoir ainsi qu'ilz viuent comme il fault
viure. Toutesfoys il est tout certain par les re-
gistres Romains & anciens de l'Eglise Latine
que iamais en nul Côcile qui aye esté faict ne
fut faict mention d'Euesque qui passast la Perse, Parthie, ou Medie. Ainsi nous voyons la
vertu de la souueraine puissâce de nostre Dieu
& pere Iesus Christ, qui aux deux extremitez
de son monde ha voulu sans cômunication de
puissance, de lettres, & de ceremonies, plâter &
maintenir sa tressaincte doctrine & loy, ce qui
est le plus merueilleux & necessaire argument
du monde. Merueilleux, car nous voyons qu'a
grand peine auec tresgrâde & triumfante puissance Ecclesiastike, auec communité de lettres
aydées

aydées & fornies d'innumerables decretz, de-
cifions, fentèces & docteurs, & auec commu-
naulté de Ceremonies (qui font les tresfortz
liens de toutes religieufes conuentions) hauons peu retenir l'occident en l'Euangelike
doctrine, & là en l'orient par incredible Bar-
barie & diftance de cinq mille lieues au bout
& plus de nous diftant lieu du monde f'eft gar
déc la doctrine & loy du Roy des Iuifz. Neceffaire eft tel argument pour côfuter l'impieté, car ie ne veulx pas dire l'herefie, de ie ne
fçay quelle Aquilonike & Satanike puanteur
qui f'efforce à abbatre toute la faincteté & pu
rité des fainctes œuures Chreftiennes,& prin-
cipalemêt d'ofter l'adoration locale du Sainct
Sacrement de la corporele fubftance de Iefus,
laquelle il eft trefcertain que qui n'aura mâgé,
n'aura la vie eternelle en foy. Mais il ha pleu
au Saluateur de laiffer ainfi tumber dedans le
plain pouoir de Satan, ceulx qui tant de foy fe
confient. Or ne dirôt il pas que les diftinctiôs
de l'Efcot ou de Thomas ayent porté la tranf-
fubftantiation au Catay. Semblablement des
ieufnes, abftinences,& penitéces publiques ce
remonies prefcriptes au baptefme,& aultres fa
crementz, ce qu'ilz pourroient dire, fi cômu-
nité de

nité de Conciles, d'authorité, de lettres ou de ceremonies euſt eſté auec nous. En ce ſ'eſt monſtré & monſtre omnipotent & omniſapient le Roy des Iuifz deſdictz Roys Catains adoré, pour monſtrèr la vertu de ſa prouidence, quand les impies & Atheiſtes la penſent eſteincte & abolie. Là eſt vrayement le voyfiné du paradis quand les choſes, ſoit en nature ſoit en grace, les plus parfaictes ſont conſer uées. A cauſe que le ſouuerain Roy d'Orient eſtoit faict Chreſtien comme les populaires & races des troys Roys touſiours l'ont eſté, le Roy des Zauolhes ſon vaſſal Mahometain ennoya il y ha trois ans commençant quatre a Sultan Suleiman pour ayde, duquel l'ambaſſade vint iuſques en Haleb, confermant ce que i'ay deſſus recité.

La raiſon pourquoy Dieu ha permis que ſi excellentes choſes feuſſent ſi long temps cachées pour eſtre reuelées en noſtre tẽps & nõ pluſtoſt. Ch. XXVIII.

אִשׁ בְּבֵיתוֹ Vir in domo ſua. Souuent entre les auditeurs de Moyſe ceſte ſen tẽce Iſsbebetho, ou en Latin Vir in domo ſua ha eſté vſurpée, pour exprimer la ſouueraine felicité

felicité de la Nature tant' Angelike comme hu
maine. Car eulx voulant fignifier q̃ icy bas
en ce monde inferieur feroit vn temps auquel
& Dieu qui eſt l'homme des hómes dedés fon
Monde qui eſt fa maifon, & la Nature Angelike dedens l'homme procureroient qu'on veſ-
cuſt felon Raiſon ainſi cóme vn chafcun co-
gnoiſt ladicte Raiſon,& la fçait bien a aultruy
demáder,ilz difoient que ce feroit a lors l'hóme en fa maiſõ. Car tádis qu'on traicte le maiſtre d'vne maifon en eſtráger, il n'eſt pas en fa
maifon. Donc pour áutant qu'il eſt de neceſsité que toutes chofes foient en leur entier reſtituées, & que la volunté de Dieu foit faicte
ainſi en la terre cóme au Ciel,Dieu h'ha voulu que toute la fuperfice de la terre feuſt premieremét cogneue, & en fa plus noble & cele
bre partie (qui eſt des Indes) defcouuerte que
les Deux Efpritz eternellement pour gouuerner l'vniuers deſtinez feuſſent icy bas en leur
maifon logez. Donc ceſte cognoiſſance ha e-
ſté gardée au temps que les l'Intellectz & Intelligences qui debuoient foubz Adam & Eue
en Cain & Abel gouuerner le monde font en
leurs maifons defcendis, póur repreſenter E-
noch & Elie. Car auant que l'Ange de Cain
vint

veint a ordonner le Pape Angelike Maiſtre
d'hoſtel d'Adam nouueau au lieu de Iudas, &
celluy d'Abel veint a ordonner le Roy Angelike en lieu de S. Iehã l'Euãgelike qui doibt
vne autrefoys Profetizer & ordonner le monde temporellement, il n'eſtoit temps que telle
choſe ſe ſceuſt.

Fin de l'Hiſtoire des Indes.

Rayſon humaine eſt tout du monde et ſen q
ar laquelle hom tyes en ſaine conſtãce
qui cõtr raiſon a qu on ſuiſt tort,
meiſt por raiſõ eſt digne de mort.
GRACE DV SIGNEVR en la langue premier
ran du coſte ſaincſt DE TRNELL LVALIERE
il porte ce don, et eſt le ſeul moyen
lequel ce monde eſt fauct et forme de vie
ti cauſe eſt playe et IESVS et SA MIERE
eſte enuee icy, ſans en hauore a ſuit
ſ que pour les pecheurs, qui bien ſe regna
a GRACE ont beſoing en ſe conuertiſſant
ſeur Rien a heure tout, ainſi mon temps
l GRACE de Dieu qui de ſel nous rendſage IESVS
pourquoy la Rayſon qui propre eſt ouelze huma
la GRACE DE DIEV deſfaict tout inhumains
ur tout les tirans cruelz ſage conſtance
l icy bas plante ſaincte et ſone deſemõ
Et vrue la mere GRACE DV SIGNEVR
יהי

www.ingramcontent.com/pod-product-compliance
Lightning Source LLC
Chambersburg PA
CBHW070415090426
42733CB00009B/1673